Eva Tillmetz, Peter Themessl

Papa hat's aber erlaubt

Erziehungskrisen im Kindergartenalter meistern

Mabuse-Verlag
Frankfurt am Main

Bibliografische Information der Deutschen Nationalbibliothek

Die Deutsche Nationalbibliothek verzeichnet diese Publikation in der Deutschen Nationalbibliografie; detaillierte bibliografische Angaben sind im Internet unter http://dnb.d-nb.de abrufbar.

Informationen zu unserem gesamten Programm, unseren AutorInnen und zum Verlag finden Sie unter:
www.mabuse-verlag.de.

Wenn Sie unseren Newsletter zu aktuellen Neuerscheinungen und anderen Neuigkeiten abonnieren möchten, schicken Sie einfach eine E-Mail mit dem Vermerk „Newsletter" an:
online@mabuse-verlag.de.

© 2013 Mabuse-Verlag GmbH
Kasseler Str. 1 a
60486 Frankfurt am Main
Tel.:   069 – 70 79 96-13
Fax: 069 – 70 41 52
verlag@mabuse-verlag.de
www.mabuse-verlag.de
www.facebook.com/mabuseverlag

Reprint der 2006 im Kösel-Verlag erschienenen Ausgabe
Umschlaggestaltung: Marion Ullrich, Frankfurt am Main
Umschlagmotiv und Illustrationen im Innenteil: Johann Mayr, Jetzendorf
Druck: BELTZ Bad Langensalza GmbH

ISBN: 978-3-86321-108-0
Printed in Germany
Alle Rechte vorbehalten

Inhalt

Vorwort 9

Ein unschlagbares Eltern-Team 11
Wie gemeinsame Erziehung Spaß macht

Was Kinder und Eltern wirklich brauchen
Von der Sehnsucht nach Zeit, Zuwendung und Zärtlichkeit 12

Allein erziehend trotz Partner?
Wenn die Erziehung an einem Elternteil hängen bleibt 24

»Du lässt mich ja nicht!«
Was Väter bremst und was sie lockt 34

Typisch!? – Vaterrollen
Positionen in der männlichen Erziehungswelt   44

Genauso typisch!? – Mutterrollen
Positionen in der weiblichen Erziehungswelt   49

Wie unsere Elternqualitäten wachsen
Erziehen mit Adler, Bär, Luchs und Maus   55

Kleine Familien – große Familien
Eltern-Teamwork in unterschiedlichen Familienkonstellationen   65

»Zwei gegen einen ist unfair!«
Eltern-Teamwork in der Einkindfamilie   66

»Die Kleine hast du aber lieber!«
Eltern-Teamwork in der Mehrkindfamilie ..   71

Wenn die Oma miterzieht ...
Eltern-Teamwork in der Mehrgenerationenfamilie.........................   77

Krisenklassiker im Kindergartenalter   81

Endlich Feierabend – und das Chaos beginnt!
Von Tagesturbulenzen und geglückten Landungen   83

Wochenend und Sonnenschein
Erwartungen und Enttäuschungen in der
Familienfreizeit.................... 91

»Ich will nicht in den Kindergarten!«
Wie die Ablösung aus dem Elternhaus gelingt 98

»Trödel nicht so rum!«
Vom richtigen Umgang mit Zeitdruck und
Zeitgefühl......................... 107

»Ich bin aber noch nicht müde!«
Von Abendritualen und Nachtgespenstern 114

»Jetzt schau doch endlich her!«
Abwägen zwischen Selbst- und Kindfürsorge 121

Chaos im Kinderzimmer
Der Balanceakt zwischen Ordnung und
Privatsphäre...................... 127

Fernseher – Gameboy – Playstation
Vom Umgang mit den neuen Familienmitgliedern...................... 135

Alle Jahre wieder ...
Familienfeiern und ihre Tücken........ 143

Wenn Papa und Mama streiten
Wie Eltern ihre Konflikte angehen 152

»Wir schlagen nicht!«
Vom Umgang mit Wut und Hilflosigkeit.. 161

Zoff im Kinderzimmer
Geschwister schlagen und vertragen sich 169

Tante Knutsch und (Onkel) Doktor spielen
Von Körperkontakt und Körpergrenzen .. 178

Wenn Fördern fordert
Der weite Markt von musischer Früherziehung bis Karate Kids 191

Wie es weitergehen kann 201

Danksagung 203

Anhang
Anmerkungen...................... 205
Weiterführende Literatur 207
Nützliche Internetadressen 208

Vorwort

Wenn Sie dieses Buch in Händen halten, haben Sie bereits mehrere Jahre gemeinsamer Kindererziehung hinter sich. Mehr oder weniger »gemeinsam«, denn erstens sieht der Alltag von beiden Eltern in der Regel völlig anders aus. Sie verbringen unterschiedlich viel Zeit mit Ihren Kindern und kennen daher verschiedene Seiten von ihnen. Zweitens erleben Sie regelmäßig, dass Sie beide unterschiedliche Einstellungen, Erziehungsziele und Reizschwellen haben. Logisch, dass Sie auch unterschiedlich reagieren. Die Kinder merken das und testen, bei wem sie mehr erreichen. Dann bringt der Dreikäsehoch den Satz: »Papa hat's aber erlaubt ...!« Wenn Sie sich an dieser Stelle nicht gegenseitig ausspielen lassen wollen, brauchen Sie klare Absprachen. Sie tun sich leichter, wenn Sie sich als Team begreifen. Für dieses Eltern-Teamwork finden Sie vielfältige Anregungen in diesem Buch.

Seien Sie stolz auf sich – die Babyjahre haben Sie gemeistert! Ihr Kind kann selbstständig laufen und sagt deutlich, was es will. Die Nächte gehören wieder Ihnen. Jetzt erleben Sie Glück, aber auch Herausforderung in neuer Form: Sie lachen schallend über kluge Kindersprüche und freuen sich, wenn der Nachwuchs das Klettergerüst erklimmt. Ein anderes Mal raufen Sie sich die Haare über trotzige Kinder und deren endlose Warum-Frageschleifen.

Der Kindergarten schafft tagsüber neue Möglichkeiten: Freiräume für Sie als Paar, für berufliche Pläne und Freizeit sowie für die Kindererziehung. Damit Sie die neuen Freiheiten wirklich nutzen können, brauchen Sie neue tragfähige Vereinbarungen. Eltern-Teamwork erleichtert Ihnen die Erziehung und bringt Harmonie in den Familienalltag.

Eltern-Teamwork gibt auch Ihren Kindern den nötigen Halt, den sie für ihre Entwicklung brauchen. Kinder, die mit zwei aufmerksamen Eltern leben, wachsen zu starken Persönlichkeiten heran. Kinder brauchen eine Mutter und einen Vater mit ihren unterschiedlichen Einstellungen, Erziehungszielen und Reizschwellen. Ein Kind wird diese unterschiedlichen Elternqualitäten von Vater und Mutter nutzen und als Schatz wahrnehmen. Vorausgesetzt, beide Eltern gestehen sich diese Unterschiede zu. Ihre Kinder profitieren davon: Mit Rüstzeug von beiden werden sie selbst kraftvoll ins Leben starten.

Zu guter Letzt ist Eltern-Teamwork auch ein gutes Polster für Sie als Paar. Sie wünschen sich bestimmt lustvolle Stunden als Mann und Frau. Diese prickelnde Zeit geht im Familienalltag leicht unter. Erst recht, wenn Missverständnisse oder Vorwürfe die Atmosphäre vergiften. Wenn Sie sich dagegen als Eltern unterstützen und Ihr Projekt »Familie« gelingt, stärken diese Erfolgserlebnisse Ihre Partnerschaft.

In diesem Buch machen wir Sie mit Spielarten von Eltern-Teamwork vertraut. Sie finden darin Anregungen, wie Eltern ihre Verschiedenheit nutzen können. Im ersten Teil beleuchten wir Frauen- und Männerwelten, Erziehungshaltungen und das Familienleben in großen und kleinen Familien. Im zweiten Teil stellen wir typische Probleme der Kindergartenjahre vor und zeigen Lösungswege auf. Vielleicht entdecken Sie sich bei dem einen oder anderen Krisenklassiker schmunzelnd wieder ...

Eva Tillmetz und Peter Themessl

Ein unschlagbares Eltern-Team

Wie gemeinsame Erziehung Spaß macht

Was Kinder und Eltern wirklich brauchen

Von der Sehnsucht nach Zeit, Zuwendung und Zärtlichkeit

Jeder Tag mit Kindern ist ein kleines Abenteuer. Einmal gestaltet sich bereits das Anziehen und Zähneputzen als Hürdenlauf. Ein anderes Mal verläuft das Frühstück unverhofft leicht und lustig, weil der kleine Dreikäsehoch einen altklugen Spruch auf Lager hat. In der Beziehung mit Kindern gehen Eltern durch Berg und Tal, mal durch unsicheres Gelände und mal über beschauliche Höhenwege, wo sie gemeinsam in die Weite schauen. Eltern kennen die Landschaft, die vor ihnen liegt, noch nicht – genauso wenig die Kinder. Allerdings haben Eltern mehr Erfahrung beim Wandern und können dadurch die Herausforderungen, die auf sie gemeinsam zukommen, schneller einschätzen und vorausschauend den Weg planen.

In den letzten Jahrzehnten sind viele Erziehungs-Landkarten auf den Markt gekommen. Die früheren Karten markierten Wege in Richtung »Pflicht« und »Ordnung«, die Karten der 70er- und 80er-Jahre wiesen den Weg in Richtung »freie Persönlichkeitsentfaltung«, und Schautafeln zierten den Weg, an denen sich die Eltern über die »antiautoritäre Erziehung« informieren konnten. Im vergangenen Jahrzehnt stehen wieder vermehrt Wegweiser für eine »konsequente Erziehung«, für »Grenzen setzen« und »Leistungsoptimierung«.

Wir leben in einer paradoxen Welt. In dem Maße, wie die Kinder in unserer Gesellschaft weniger geworden sind, hat die Zahl an Erziehungswegweisern für Eltern zugenommen. Wohin in diesem Labyrinth mit tausend Wegen?

Damit Eltern sich nicht im Dschungel der Erziehungsfragen verirren, ist es hilfreich, sich zuallererst die Basis der Eltern-Kind-Beziehung genauer anzusehen. Dazu eine kleine Übung.

> *Stellen Sie sich vor, Sie sind ein kleines Mädchen oder ein kleiner Junge – etwa vier Jahre alt. Sie haben die besten Eltern, die Sie sich nur vorstellen können. Diese Eltern besitzen all die Eigenschaften, die Sie sich von einer liebevollen Mutter und einem liebevollen Vater wünschen. Sie stehen in einer vertrauten Umgebung und schauen in die Welt hinaus – vor Ihnen liegt das Abenteuer »Leben«. Wenn Sie jetzt gleich Ihre Augen schließen, suchen Sie mit Ihrem Herzen einen Platz, wo diese Eltern stehen. Stehen Sie vor, neben oder hinter Ihnen? Wie weit ist Ihre Mutter von Ihnen entfernt, wie weit ist Ihr Vater von Ihnen entfernt? Wie stehen die beiden zueinander? Denken Sie daran: Es handelt sich um ideale Eltern, die absolut so sind, wie Sie es sich in Ihren innersten Träumen wünschen.*
>
> *Zur Veranschaulichung können Sie drei Playmobil- oder Holzfiguren nehmen. Stellen Sie die drei Figuren so zueinander, wie Sie sich und Ihre idealen Eltern gerne positionieren würden.*

In der Familienberatung[1] wie in Familienaufstellungsseminaren zeigen kleine wie groß gewordene Kinder, sprich heutige Erwachsene, dass sie sich zu beiden Eltern einen ähnlich weiten Abstand wünschen. Die tiefste Sehnsucht, die Kinder in ihrer Seele tragen, ist ein gleich guter Kontakt zu zwei wohlwollenden Elternteilen. Brauchen Kinder noch viel Schutz, stehen die Eltern eher vor den Kindern. Sie stehen als Vor-bilder, sie gehen für das Kind den Weg voraus und sichern den Weg ins Leben. Je selbstständiger die Kinder werden, desto mehr können die Eltern hinter den Kindern stehen und mit ansehen, wie die Kinder selbstständig ins Leben gehen – ein Bild, das Eltern mit größeren Kindern auf Wanderungen so erleben.

Manche »Kinder« stellen sich zunächst zwischen die Eltern, spüren aber bald, dass dieser Platz nur für kurze Zeit angenehm ist. Wahrscheinlich kennen Sie das selbst: Auf Spaziergängen war es früher eine Zeit lang wunderschön, zwischen Mutter und Vater an deren Hand zu gehen, doch sobald die beiden über Ihren Kopf hinweg sprachen, sich womöglich stritten, war diese unmittelbare Mittelposition unangenehm, spannungsreich bis unerträglich.

Zwei wohlwollende Eltern, die dem Kind ähnlich nah sind – wie soll das gehen in einer arbeitsteiligen Welt, in der die meisten Mütter ein Vielfaches an Zeit mit den Kindern verbringen im Vergleich zu den Vätern?

Eine interessante Erkenntnis liefert die Arbeit mit Familienaufstellungen[2]: Der seelische Abstand zu Mutter und Vater hängt weniger von der zeitlichen oder räumlichen Anwesenheit ab, als vielmehr von der seelischen Präsenz der Eltern. Erlebte jemand seine in Vollzeit berufstätigen Eltern in den anwesenden Stunden als feinfühlig und aufmerksam, stellt er den Vater beziehungsweise die Mutter nah und zugewandt. Umgekehrt können Eltern auch als abwesend und abgewandt erlebt werden, obwohl sie den ganzen Tag zu Hause waren. Die Rund-um-die-Uhr-Betreuung durch die Mutter, das westdeutsche Familienideal, garantiert keine sichere Bindung. Umgekehrt schadet die Berufstätigkeit beider Eltern keinem Kind, wenn Eltern in den Familienzeiten für ihre Kinder da sind und in den Arbeitszeiten für verlässliche Betreuung sorgen. Egal, wie Ihre berufliche Situation aussieht, Sie haben immer die Möglichkeit, als Vater wie als Mutter eine gute Eltern-Kind-Beziehung aufzubauen!

Kinder wollen bei ihren Eltern aufwachsen und von ihnen ins Leben geleitet werden. Dabei sind verschiedene Entwicklungsstufen erkennbar, wie sie auch die Bindungsforschung in Langzeitstudien[3] erforscht hat.

Ein kurzer Blick zurück in die ersten Lebensjahre: Im ersten Lebensjahr steht das Grundbedürfnis nach Nähe, Geborgenheit, Trost und Schutz an erster Stelle. Erfährt ein Kind in dieser ersten Lebensphase verlässliche Zuwendung vor allem durch die Mutter, kann es sein Urvertrauen aufbauen. Über die Beziehung zur Mutter entsteht sein Selbstwert, wenn es die Erfahrung macht: Ich schaue in die Augen meiner Mutter und erkenne mich selbst.

Unterstützt der Vater seine Frau und bietet er dem Kind ebenfalls Schutz und Geborgenheit, verstärkt dies die sichere Bindung. Im späteren Leben ermöglicht dieses Urvertrauen, an sich selbst zu glauben, wenn der Lebensweg durch schwieriges Gelände führt.

Nach dieser Selbst-Erfahrung kann ein Kind sich nach außen wenden und in die Welt hinausschauen. Im zweiten Lebensjahr kommt dies als zweites Grundbedürfnis hinzu: Das Kind möchte die Welt erobern, es entwickelt einen starken Entdeckerdrang und sucht Eltern, die seinen Wunsch, eigenständige Erfahrungen zu machen, unterstützen. Für diesen Entwicklungsschritt sucht sich das Kind vorrangig den Vater aus: Ich schaue zu meinem Vater und entdecke über ihn die Welt. Unterstützt die Mutter ihren Mann und gibt auch sie dem Kind Freiräume, wird es später mutig an neue Lebensprüfungen herangehen und sich auch an schwierige Pfade heranwagen.

Kinder mit sicherer Mutter- und Vaterbindung erweisen sich als sehr viel selbstständiger, wenn es darum geht, Konflikte zu lösen. Sie können sich länger konzentrieren und bleiben auch an kniffligen Aufgaben mit Eifer dran.

Das größte Geschenk, das Eltern daher ihrem Kind machen können, ist, dass es *beide* Elternteile mit all ihren Stärken und Schwächen kennen lernen darf.[4] Wenn beide Eltern für ihr Kind da sind, sich im Kontakt auf Augenhöhe des Kindes begeben und feinfühlig auf das Kind eingehen, entwickelt es ein positives Bild vom eigenen und vom fremden Geschlecht.

Das zweitgrößte Geschenk, das Eltern ihren Kindern machen können, ist ein funktionierendes Eltern-Teamwork. Denn in der frühen Kindheit lernt das Kind nicht nur die Dinge in der Welt kennen, sondern es erforscht auch Beziehungen: Wie gehen Menschen miteinander um? Wie reden sie miteinander? Wie streiten sie und wie versöhnen sie sich? Das erste »Wir« schaut sich ein Kind gewöhnlich von seinen Eltern ab: Ich schaue zu Vater und Mutter und erlebe, wie Beziehungen funktionieren.

Die Folgen der Eltern-Kooperation spürt ein Kind am eigenen Leib: Sind sich die Eltern in wesentlichen Dingen einig, wächst ein Kind in entspannter Atmosphäre auf. Dabei können Eltern dem Kind durchaus ihre unterschiedlichen Talente und Vorlieben vermitteln. Wenn Vater und Mutter ihre unterschiedlichen Beziehungsangebote nebeneinander stehen lassen, bereichert diese Vielfalt das Kind und es spürt: »Papa und Mama meinen es gemeinsam mit mir gut. Sie haben denselben Weg für mich als Ziel vor Augen.«

Kämpfen die Eltern dagegen offen oder verdeckt um ihre Positionen, will beispielsweise einer das Kind in Richtung »Leistung«, der andere in Richtung »Kreativität« führen, fühlt sich das Kind hin- und hergerissen. Wenn die Eltern ihre unterschiedlichen Erziehungsziele gegenseitig abwerten, bedeutet das für ein Kind ungeheuren Stress, den es mit Rückzug, Nervosität oder Aggressivität beantwortet.

Es fällt einem Kind schwer, seinen Lebensweg weiterzugehen, wenn ein Elternteil stehen bleibt oder sich von ihm abwendet. Das Kind dreht sich innerlich immer wieder nach dem entfernten Elternteil um, was sich im Alltag zum Beispiel als

Angst, Aggression oder in anderen Stresssymptomen äußert. Auch kann es zu Verhaltensauffälligkeiten wie Stottern oder Ticks kommen, da das Kind einen Großteil seiner psychischen Energie auf die Suche des fehlenden Elternteils verwendet.

Kinder brauchen beide Eltern. Die sichere Bindung zu beiden Eltern dient als Basis für den Sprung in die Welt außerhalb der Familie. Sicher gebundene Kinder kommen leicht mit Gleichaltrigen zurecht und suchen sich Freunde, mit denen sie auch Probleme selbstständig lösen können.

> Kinder, die aktives Eltern-Teamwork erleben, haben doppelten Rückenwind für ihre Entwicklung.

Die drei magischen Z's: Zeit, Zuwendung und Zärtlichkeit

Auf vieles, was Kindern heute geboten wird, können sie lange Zeit verzichten. Weder eine Villa im Grünen noch Markenmode macht Kinder wirklich glücklich. Was Kinder von beiden Eltern sich ersehnen, sind im Wesentlichen drei Dinge: Zeit, Zuwendung und Zärtlichkeit. Die drei großen Z's sind allerdings nicht als Einbahnstraße von den Eltern in Richtung Kinder zu sehen. Auch Eltern brauchen Zeit, Zuwendung und Zärtlichkeit – ein wenig von den Kindern, vielmehr aber voneinander.

Zeit ist heute ein kostbares Gut geworden. Zeit ist der Boden, auf dem die Eltern-Kind-Beziehung sich entwickelt. Kinder brauchen keine Rund-um-die-Uhr-Versorgung von den Eltern. Das haben Väter und Mütter zu keiner Zeit geleistet. Sie brauchen aber die Sicherheit, dass Eltern für den zeitlichen

Rahmen sorgen: für gemeinsame und getrennte Zeiten. In der gemeinsamen Zeit wollen Kinder das Leben der Eltern kennen lernen. Sie wollen verstehen, wie die Eltern leben, was ihnen wichtig ist, und so an ihrem Leben teilnehmen. Sie mögen mit den Eltern essen, spielen und reden. Mehrere kurze Zeitspannen, in denen die Mutter oder der Vater wirklich ganz da ist, sind für Kinder die wertvollsten Zeiten des Tages. Hier wächst die Bindung.

Für die Stunden, in denen Kinder die Familie verlassen, brauchen sie die Gewissheit, dass die Eltern den Ort gutheißen, den sie aufsuchen, sei dies der Kindergarten, seien es die Großeltern oder Freunde. Nur so können sie die Zeit außer Haus entspannt genießen.

Besondere Zeiten sind die Übergänge zwischen dem Zuhause und »fremdem« Gebiet. Wenn Eltern beim Verabschieden und beim Wiederkommen die abgemachten Zeiten einhalten, fühlen Kinder sich sicher und geborgen.

In der gemeinsamen Zeit wachsen nicht nur die Kinder, sondern auch die Eltern. Hier wächst die eigene Erziehungskompetenz, mit jedem gemeinsam erlebten Tag wird der erzieherische Erfahrungsschatz reicher. Das Leben mit Kindern darf nicht nur aus Arbeit bestehen, sonst werden die Kinder als Last empfunden. Eltern brauchen Zeit, um ihre Kinder genießen zu können. In freien Zeiten, in denen Eltern mit ihren Kindern Raum und Zeit vergessen, entsteht eine Kraft, die in den Alltag hineinwirkt. Gemeinsam lachen, über Bäche hüpfen oder Sterne angucken – manchmal verzaubern nur wenige Minuten. Wir nennen diese Zeiten »Luchs-Zeiten«.

Gemeinsame Zeit brauchen auch wir als Eltern miteinander. Zunächst fürs Praktische, für Absprachen im Umgang mit unseren Kindern. Bleibt neben diesem Pflichtprogramm noch Zeit für den gemeinsamen Blick auf die Entwicklung der Kinder, erfahren wir voneinander, was uns wirklich bewegt – mal ist es Stolz, mal Angst, mal Mitleid, mal Liebe.

Wenn Familienprojekte wie Urlaub, Geburtstagsfeiern oder auch die Einschulung richtig gut laufen sollen, brauchen wir als Eltern Zeit, sie miteinander zu planen. Gehen wir die Zukunft gemeinsam an, erhöhen wir zumindest die Wahrscheinlichkeit, dass unsere Wünsche in Erfüllung gehen.

> Wer sich Zeit fürs Eltern-Teamwork nimmt, spart nicht nur Nerven, sondern auch Zeit.

Zuwendung: Wer sich Kindern zuwendet, zeigt sein Gesicht, geht auf Augenhöhe und signalisiert so: Ich habe Interesse an dir. Ein Kind, dem die Eltern liebevoll in die Augen schauen und sich ihm zuwenden, erfährt: Ich bin wertvoll. Wer sich zuwendet, kann aktiv zuhören und Fragen stellen: Was hast du erlebt? Was beschäftigt dich? Kinder wünschen sich emotional feinfühlige und verlässliche Ansprechpartner, die sich auf ihre Welt einlassen.

Zuwenden bedeutet zudem: schützen und Halt geben. Wenn Eltern am gesunden, glücklichen Leben der Kinder interessiert sind, überlegen sie Regeln und bestimmen sie Grenzen. Sie drücken damit aus: Du bist mir wichtig, deshalb verbiete ich dir die Dinge, die dich oder andere verletzen. Solche Zuwendung gibt dem Kind Orientierung und Halt.

Eltern, die sich ihren Kindern zuwenden, gewinnen viel für sich. »Drei Dinge sind uns aus dem Paradies geblieben: Sterne, Blumen und Kinderaugen.«[5] Wenn wir in die Augen unserer Kinder schauen, erzählen diese viele Geschichten – Geschichten von Glück und Trauer, von Hoffnungen und Ängsten. Kinder erleben ihre Gefühle unmittelbar – wir können viel von ihnen lernen.

So, wie Kinder Zuwendung erfahren, ahmen sie dies später nach. Besonders in den Vorschuljahren schauen sich Kinder viel von ihren Eltern ab. Fragen diese ihr Kind, was es den Tag über erlebt hat, ahmt auch dies das Kind nach und zeigt Interesse am Leben der Eltern. »Was habt ihr, Mama und Papa, den Tag über erlebt?« Oder: »Kann ich was mithelfen, wenn dann mehr Zeit zum Spielen bleibt?«

Zuwendung ist auch ein wichtiger Teil des Eltern-Teamworks. Jeden Tag betreten Eltern Neuland. Sie hatten sich nicht als Eltern, sondern als *Paar* kennen gelernt. Jetzt sehen sie sich als *Eltern* an und können einander fragen: »Was beschäftigt dich als Vater, worauf hoffst du?« – »Welche Träume, welche Sorgen hast du als Mutter?«

So lieb uns die Kinder sind – es gibt auch ein Leben jenseits von ihnen. Wenn wir nicht nur als Eltern, sondern auch als Paar zusammenleben, sollten wir öfter einander fragen: »Was brauchst du sonst noch zum Leben – für dich allein – für dich als Mann beziehungsweise Frau? Was brauchst du von mir als Partner?«

Zärtlichkeit: Kinder wollen keine verbalen Liebeserklärungen hören, sondern Liebe *spüren*. Wenn sie Trost suchen, mögen sie in den Arm genommen werden. Wenn Vater oder Mutter ihr Kind nach einem Wutanfall in den Armen festhalten, findet es wieder zu seiner eigenen Mitte. Massieren vor dem Zu-Bett-Gehen lässt Kinder tiefer schlafen. Kuschelzeiten schaffen Nähe und Vertrautheit. Mit körperlicher Berührung sagen die Eltern: Ich hab dich lieb. Wichtig ist aber immer, dass das Kind selbst entscheiden darf, wann es körperliche Nähe mag und wann nicht.

Kinder, die Zärtlichkeit erleben, gehen auch von sich aus auf ihre Eltern zu und zeigen ihnen so ihre Liebe – die einen ganz zart, die anderen eher kumpelhaft. Kinder zeigen ihre Gefühle ganz unmittelbar und drücken sie körperlich aus – so, wie sie stampfen und boxen, so können sie auch auf die Eltern zulaufen und mit ganzem Herzen rufen: »Mama, ich hab dich lieb« oder »Papa, mein Papa!« Solche Momente sind unbezahlbar! Sie tun so gut und lassen manche Anstrengung vergessen.

Wenn wir uns als Eltern nach einem anstrengenden Tag am Partner anlehnen und aneinander geschmiegt entspannen können, fällt manche Last ab. Zärtlichkeit tut auch uns Eltern gut. Eltern, die sich als Paar zärtlich begegnen, haben es um vieles leichter, ihre Elternaufgabe zu meistern. Fällt die Zärtlichkeit weg, etwa bei getrennten Eltern, sind Zeit, Zuwendung und Zärtlichkeit für die Kinder mit mehr Mühen verbunden. Kleine aufmerksame Berührungen sind Blumen am Wegrand unseres Eltern-Abenteuers.

> Basisnahrung: Dreimal täglich zehn Minuten aufmerksam miteinander reden und einmal täglich kuscheln

Zeit, Zuwendung und Zärtlichkeit sind doppelt wichtig. Sie sind sowohl die drei Säulen der Eltern-Kind-Beziehung als auch die tragenden Stützen für unser Eltern-Teamwork.

Als Mutter oder Vater brauche ich einen verlässlichen Partner, der mit mir meine Anstrengung, meine Sorgen und Fragen teilt. Jemand, der mich unterstützt, wenn ich erschöpft bin; mit dem ich mich unterhalten kann, wenn ich die Art, wie ich das Kind erziehe, hinterfrage. Zunächst kann dies am leichtesten der Mensch leisten, der den unmittelbaren, »natürlichen« Kontakt zu den Kindern hat und den die Kinder durch eine unmittelbare Bindung lieben: der Partner.

Doch was tun, wenn der nicht mitzieht? Dann hilft ein »Ersatzpartner« der Mutter beziehungsweise dem Vater weiter. Diese Unterstützung eines anderen Erwachsenen ist wichtig, sonst übernimmt früher oder später ein Kind diese Rolle – meist das Erstgeborene. »Ersatzpartner« kann eine Freundin oder ein Freund sein, bei der oder dem man sich fallen lassen kann, es können auch die eigenen Eltern oder Geschwister sein, die Orientierung bieten. Ob nun Freundin, Oma oder ein neuer Lebenspartner: Dieser »Ersatzpartner« im Eltern-Teamwork wird oft auch eine neue Bezugsperson für das Kind. Eines müssen Eltern dabei im Auge behalten: Ich kann zwar als Mutter oder Vater das Fehlen des zweiten Elternteils auszugleichen versuchen und für genügend Unterstützung sorgen, für das Kind bleibt aber eine Lücke. Die ursprüngliche Liebe zum leiblichen Elternteil können Ersatzpartner nie ersetzen.

Väter – zunehmend auch Mütter – sind berufsbedingt längere Zeiten außer Haus. Sind sie dann wirklich weg? Nicht zwangsläufig! Auch Eltern, die häufig auf Dienstreisen sind, können sich Zeit nehmen und Zuwendung und Zärtlichkeit zeigen. Regelmäßige Telefonate mit den Kindern können ein verbindendes Ritual werden. Oder der Verreiste bittet den Partner, dass er von ihm erzählen soll. Ist beispielsweise der Vater viel unterwegs, hilft es dem Kind, wenn die Mutter in wohlwollender Art über den Vater spricht und ihn so ins tägliche Leben miteinbezieht. Das funktioniert in der Regel vergleichsweise gut, so lange die Beziehung der Eltern klappt. Schwierig wird es, wenn sich die Mutter über ihren Partner geärgert hat und am liebsten vor dem Kind über ihn schimpfen würde. Eine Unterscheidung zwischen Paar- und Elternbeziehung mag dann hilfreich sein: Als Mann ist dieser Partner gerade »unerträglich«, aber nicht greifbar – dieses Hühnchen wird noch gerupft werden müssen. Doch als Vater wird er von ihrem Kind geliebt, egal, wie er sich der Mutter gegenüber verhält.

Kinder brauchen unser Eltern-Teamwork – in guten wie in schlechten Zeiten. Schenken wir ihnen Zeit, entsteht ein tragfähiger Boden für die Eltern-Kind-Beziehung. Unsere Zuwendung gibt ihnen die lebenswichtigen Nährstoffe für ihre Entwicklung. Erhalten sie Zärtlichkeit von beiden Eltern, gedeihen sie in einem günstigen Klima. Dann sind sie gut verwurzelt und wachsen zu gesunden Pflanzen heran.

Eltern-Teamwork

Schätze wahrnehmen und weitergeben

Tagtäglich wächst die Beziehung zu Ihren Kindern. Sie geben Ihren Kindern weitaus mehr mit, als Sie es sich gewöhnlich bewusst machen. Achten Sie einmal darauf, was Sie im Alltag Ihren Kindern mitgeben.

- Markieren Sie in Ihren Kalendern, wann sich jeder von Ihnen beiden in der kommenden Woche Zeit für Ihr Kind beziehungsweise jedes Ihrer Kinder nehmen will – Zeit für Zuwendung und Zärtlichkeit.
- Notieren Sie – jeder für sich – eine Woche lang jeden Abend, was Sie mit Ihrem Kind erlebt haben: Was tut mir gut mit meinem Kind? Wann bin ich meinem Kind nahe, wann ist mein Kind mir nahe? (Frühstücken, Buch lesen, beten, backen, fernsehen, Rad reparieren, Wäsche aufhängen und dabei plaudern usw.)
- Treffen Sie sich am Wochenende zu einem Gespräch und tauschen Sie sich aus: Was habe ich herausgefunden, was ich meinem Kind ins Leben mitgeben kann? Welche alltäglichen Fähigkeiten kann es sich bei mir abschauen? Was glauben Sie, kann sich Ihr Kind von Ihrem Partner abschauen? Worin ist er beziehungsweise sie Vorbild?

Allein erziehend trotz Partner?

Wenn die Erziehung an einem Elternteil hängen bleibt

Montag – ein ganz gewöhnlicher Tag: Brigitte richtet beiden Jungen Frühstück, ihr Mann Martin ist bereits in der Arbeit. Sie bringt den fünfjährigen Max in den Kindergarten, den zweijährigen Jonas in die Krabbelstube. Max will heute noch nicht außer Haus. Er zetert, wodurch sich die Abfahrt verzögert. Nach vier Stunden Arbeit im Büro sammelt Brigitte beide Kinder wieder ein. In der verlängerten Vormittagsgruppe gab's kein Essen, so dass Max hungrig und überdreht im Auto sitzt, Jonas hat wenigstens schon geschlafen. Kurz kochen und essen, eine Wäsche aufhängen, eine zweite anstellen, etwas aufräumen.

Brigitte dreht bereits hochtourig, dabei ist erst der halbe Tag geschafft. Viele Frauen teilen Brigittes Schicksal: Sie arbeiten Teilzeit und haben trotzdem den ganzen »Kindertag« am Hals:

Um 16 Uhr hat Max Kinderturnen. Brigitte weiß, dass Jonas eher unwillig mitgeht, darum bringt sie ihn bei einer befreundeten Mutter unter. Bevor es losgeht, ruft Leon an: ob Max heute zum Spielen kommen kann – leider nein, wegen Turnen. Max stampft enttäuscht in sein Zimmer, mit Engelszungen motiviert ihn Brigitte, sein sonst so geliebtes Turnen nicht aufzugeben. Kinder ins Auto gepackt, Jonas zum Freund, Max ins Turnen, eine Stunde Warten auf der Mütterbank in der Turnhalle, Jonas abholen und ab nach Hause, um das Abendessen zu richten.

Bislang kann Brigitte nicht auf den Partner zurückgreifen. Ein Versuch, ihn zumindest abends kurz in die Familie einzubinden und ihn gut ankommen zu lassen, scheitert:

> Brigitte kocht abends, denn sie weiß, dass ihr Mann sich über warmes Essen freut. Nur: Heute kommt er erst gegen halb acht, sagt seine kurze SMS. Enttäuscht isst Brigitte mit den Kindern allein und fängt an, sie ins Bett zu bringen. Wieder gibt es Gezeter, weil Max aufbleiben möchte, bis Papa kommt. Erschöpft fragt sie sich: Worin unterscheidet sich mein Leben eigentlich vom dem einer allein erziehenden Mutter?

Wenn Sie nicht zu den seltenen Familien gehören, in denen sich die Eltern die Erziehungszeit fifty-fifty teilen, dann ist bei Ihnen mit hoher Wahrscheinlichkeit auch die Mutter in erster Linie für die Kinder da. Und der Vater? Ihm bleiben die Randstunden, sprich, kurze Zeit abends und einige Stunden am Wochenende. Dabei nimmt sich heutzutage über die Hälfte der Paare eine gemeinsame Erziehung vor, wenn sie eine Familie gründen.

Was sind die Gründe dafür, dass aus dem Ziel, als Eltern-Team die Kinder zu erziehen, so schnell eine Alleinverantwortung der Mutter wird?

Zunächst ganz praktische. In den meisten Familien ist der Mann in Vollzeit berufstätig, während die Frau nicht mehr oder nur stundenweise ihren Beruf ausübt. West- und ostdeutsche Arbeitsverteilung bei den Eltern gleichen sich dabei zunehmend an. Damit hängen das Familieneinkommen am Mann und die Kinder an der Frau.

Der angespannte Arbeitsmarkt hat in den letzten Jahren diesen Trend noch verstärkt. Wer Arbeit hat, macht Überstunden, um den Job nicht zu verlieren. Wer keine Arbeit hat, muss viel Zeit darauf verwenden, wieder eine Stelle zu finden, und muss immer schwierigere Arbeitsbedingungen in Kauf nehmen. Arbeitsplatzsorgen des Alleinverdieners, Wiedereinstiegsprobleme nach der Elternzeit – diese gesellschaftlichen Zwänge wirken massiv in die Familiengestaltung hinein.

Allerdings zeigt eine Studie des Familienministeriums,[6] dass selbst bei voll berufstätigen Eltern in den meisten Familien die Frau den Großteil der Kindererziehung übernimmt. Und das, obwohl erwiesen ist, dass sich Männer genauso einfühlsam um ihre Kinder kümmern können wie Mütter. Hierzu gibt es eine interessante Studie, die uns helfen kann, den Blick zu weiten: Die Familienforscher Ann Frodi und Michael Lamb haben untersucht, ob Mütter schneller beziehungsweise genauer als Väter erkennen, was ihr Baby durch Weinen ausdrückt.[7] Verblüffend ist das Ergebnis: Kein Unterschied! Beide erkennen haargenau, ob ein Kind aus Hunger, Angst oder Langeweile schreit. Und noch mehr: Bei Vätern wie bei Müttern löst ein schreiendes Kind die gleichen Stressreaktionen aus: Blutdruck, Herzschlag und Hauttemperatur erhöhen sich und provozieren so eine Handlung. Die Fähigkeit, sich um das Kind zu kümmern, ist also bei beiden Eltern grundgelegt. Die Frage ist nur, ob beide Elternteile diese Sensibilität schulen und weiterentwickeln.

Bei vielen Paaren laufen aber Wunsch und Wirklichkeit von gemeinsamer Erziehung auseinander. Das hat im Wesentlichen drei Gründe:

1. Der weibliche Vorsprung wächst

Während Schwangerschaft, Stillzeit und der ersten Babyjahre baut die Frau schneller und intensiver eine Beziehung zum Kind auf. Was in den ersten Monaten von der Natur vorgegeben ist, wird in den Folgejahren durch die scharfe Arbeitsteilung weiter untermauert. Der Vater, der besonders auf den Forscher- und Entdeckungsdrang des Kindes reagieren und hier punkten könnte, ist dann oft so im Beruf eingespannt, dass er seine Familie selten sieht. So baut die Frau von Monat zu Mo-

nat ihren Vorsprung an Erziehungserfahrung aus. Sie verbringt nicht nur mehr Zeit mit dem Kind, sondern durchlebt mit ihm auch mehr emotional entscheidende Situationen: Sie trägt das fiebernde Kind, verarztet den eingeklemmten Finger oder hält wiederholte Tobsuchtsanfälle aus.

2. Allein geht's doch auch

Nach durchlittenen Monaten der Einsamkeit schotten sich viele Frauen ab. Sie haben erlebt: Es geht auch allein – und immer öfter auch leichter allein! Tagsüber hat die Frau mittlerweile Kinder und Haushalt routiniert im Griff. Anstrengend wird es meist erst, wenn der Mann am Abend hinzukommt und auch noch eigene Vorstellungen davon hat, was er mit den Kindern machen will.

Der Familienforscher Ross Parke formuliert spitz: »Väter sind exakt so weit in die Kindererziehung involviert, wie die

Frau es zulässt.« Es ist aber auch nicht so leicht, den Partner als gleichwertigen Erzieher anzuerkennen, wenn frau sich lange allein durchgekämpft hat. Vordergründig wünschen sich die meisten Mütter von Kindergartenkindern zwar, dass Väter miterziehen. Aber stimmt das wirklich?

> *Kleiner Test: Wie reagieren Sie darauf, wenn Ihr Partner mit Ihrem Kind spontan einen kleinen Ausflug mit dem Rad zum Biergarten vorhat? Welche Gefühle überwiegen? Freude über die unerwartete Freizeit? Oder eher Angst, dass Ihr Kind sich erkältet beziehungsweise zu spät ins Bett kommt? Oder Neid, dass der Papa wieder mal die »coole Aktion« bringt, während Sie die Knochenarbeit leisten? Welche Ratschläge liegen Ihnen auf den Lippen (natürlich aufgrund fundierter Erfahrung und Routine)?*

3. Alte Vorbilder als Mitgift

Frauen haben eine viel größere Mitgift an Muttervorbildern mitbekommen als Männer an Vatervorbildern. Wer hat in unserer Kindheit schon nach dem Vater gefragt? Bis in die 80er-Jahre galt die Mutter als wichtigste Bezugsperson für ihre Kinder, der Vater hatte die Rolle des Ernährers gut auszufüllen. Für die geistige und seelische Entwicklung der Kinder spielte er keine nennenswerte Rolle – dachte man. Auch Psychologen, Lehrer und Familienrichter dachten so.

Das wirkte sich für beide Elternteile unterschiedlich aus. Ging es in einer Familie chaotisch zu, wurde sofort nach den erzieherischen Versäumnissen der Mutter gefragt. Sie war schuld am schulischen Versagen oder am aggressiven Verhalten der Kinder. Ob der Vater real oder emotional abwesend war und als Bezugsperson für die Kinder fehlte, wurde meist ignoriert. Andererseits: Trennten sich die Eltern, bekam die Mutter wie selbstverständlich das Sorgerecht. Zerstritt sich ein Paar und zog sich der Vater zurück, ging kein Jugendamt dem Vater nach. Wenn später die Frau einen neuen Partner fand, war halt er der neue Vater.

Für die Kinder hatte dies in erster Linie Nachteile: So wurden in dieser Generation viele Töchter und Söhne um ihre Beziehung zum leiblichen Vater gebracht. Untersuchungen belegen inzwischen, wie schwerwiegend dieser Verlust im Leben der erwachsenen Söhne und Töchter weiterwirkt. Wenn Kinder durch Trennung früh ihre Väter verlieren, sind Selbstzweifel, Autoritätsprobleme oder mangelndes Durchhaltevermögen eine häufige Folge, die zu beruflichen Schwierigkeiten führt. Auch in langfristigen Beziehungen fehlt der Vater als Vorbild, Krisen gemeinsam durchzustehen. Männer mit guter Vaterbeziehung in der Kindheit geben dagegen mehr Zufriedenheit in der Ehe, mit der Arbeit und dem eigenen Vatersein an.[8]

Eltern-Teamwork

Vater- und Muttervorbilder entdecken

An Ihre eigenen Kindergartenjahre können Sie sich sicherlich noch bruchstückhaft erinnern. Für was war damals Ihre Mutter zuständig und wofür Ihr Vater?

- Notieren Sie alle Tätigkeiten, die Ihre Mutter und Ihr Vater damals für Sie getan haben – angefangen von der Zubereitung des Frühstücks bis zum Kuscheln am Abend.
- Fragen Sie bei nächster Gelegenheit Ihren Partner, wie er die Kindergartenjahre mit seinen Eltern erlebt hat.
- Überlegen Sie gemeinsam: Worin unterscheidet sich Ihr eigenes elterliches Zusammenspiel von dem Ihrer Eltern? Was ist Ihnen dabei besonders wichtig?

Wie Sie sich als Mutter Entlastung verschaffen können

Sicherlich kennen Sie Situationen, in denen Ihr Kind nach der Mama ruft, obwohl der Papa auch da wäre. Diese einseitigen Mama-Rufe beenden Sie am leichtesten, wenn Sie als Elternteam vorab entscheiden, wer gerade für das Kind oder die Kinder zuständig ist. Überlassen Sie das nicht Ihrem Kind! So erreichen Sie, dass der Vater mehr ins Spiel kommt.

Routinierte Mütter tappen leicht in eine Falle: Sie haben Familienfragen schon geklärt, bevor der Vater überhaupt weiß, worum es gerade geht. Langfristig haben Sie es leichter und die Kinder einfacher, wenn Sie Ihren Partner in alle wichtigen Entscheidungen mit einbeziehen. Sie zeigen Ihrem Partner damit, dass Sie seine Meinung für wichtig halten. Ob beim Aussuchen des Kindergartens, dem neuen Zu-Bett-Geh-Ritual, veränderten Aufräumregeln oder dem gemeinsamen Wochenende.

Von ihren Müttern haben Frauen häufig vorgelebt bekommen, dass sie alles im Griff hatten und der Vater wenig Einfluss auf die Erziehung nahm. Wenn Sie heute wissen, wie wichtig Sie beide für die Entwicklung Ihrer Kinder sind, dann brauchen Sie an vielen Stellen Geduld miteinander. Sie lernen beide erst als Eltern-Team zu kooperieren. Feiern Sie jeden kleinen Erfolg, wenn es Ihnen gelingt, Ihren Partner ernsthaft einzubeziehen!

Halten Sie sich immer wieder vor Augen, dass Ihr Partner wesentlich weniger Vorbilder in sich trägt, wie er aktiv Vater sein kann. Ihr Mann muss diese Erfahrungslücke aus der eigenen Kindheit erst mit eigenen Erfahrungen füllen. Die Ernte seiner aktiven Vaterschaft wird er erst einfahren, wenn die Kinder erwachsen sind. Das dauert! Daher wird er möglicherweise öfter an seiner Bedeutung als Vater zweifeln, wenn die

Zeiten mit den Kindern anstrengend sind. Und doch sind es gerade die anstrengenden Momente, in denen Kinder die Erfahrung machen: Ich kann mich wirklich auf dich verlassen. Papa hat mich nach Hause getragen, als ich in die Pfütze gefallen bin und triefend nass war. Er hat es ausgehalten, als ich völlig übermüdet im Bett tobte. Er hat mich getröstet, als ich von der Schaukel gefallen bin. Sie können Ihren Mann heute schon unterstützen, wenn Sie ihm nach gelungenen Vater-Kind-Aktionen Ihre Freude offen zeigen.

Wenn Sie Ihren Mann mehr in die Erziehung einbeziehen wollen, erzählen Sie ihm, was Sie den Tag über mit Ihren Kindern erlebt haben. Viele Männer wehren sich gegen lange Problem-Arien, sie schalten ab beziehungsweise den Fernseher an. Natürlich war einiges an diesem Tag zum Haareausraufen! Auch das soll er erfahren, aber bitte nicht nur das! Wenn Sie möchten, dass Ihr Mann sich für die Entwicklung Ihrer gemeinsamen Kinder interessiert, dann verschweigen Sie ihm nicht die Momente, in denen Sie mit Ihren Kindern glücklich waren, sondern schildern Sie ihm auch die schönen Momente. Das, worauf wir die Aufmerksamkeit legen und was wir einander mitteilen, wird automatisch mehr – probieren Sie es aus!

Auf einem unserer Elterntrainings sagte eine langjährige Projektleiterin: »Als Mutter wurde mir nach wenigen Monaten klar, dass wir, mein Mann und ich, wie im Betrieb Teamsitzungen brauchen, um die vielen Arbeitsabläufe im Familienbetrieb zu koordinieren. Wir haben zwei kleine Kinder, sind beide berufstätig, haben keine Großeltern vor Ort. Daher brauchen wir einander für viele Absprachen. Nur wenn jeder von uns beiden seine Stärken einbringt, läuft unser Familienprojekt rund. Ich kann und mag zum Beispiel nicht mit unserem dreijährigen Sohn balgen wie mein Mann. Wenn er sich dafür Zeit nimmt, ist unser Junge viel ausgeglichener und auch die Geschwister streiten viel weniger.«

Ihre Kinder genießen die Zeiten, in denen sie die volle Aufmerksamkeit von Papa haben. Geben Sie gezielt Zeiten mit den Kindern an Ihren Partner ab. Sei es, dass er sie zum Getränke- oder Baumarkt mitnimmt, dass er sie zum Spielplatz begleitet oder dass er mit ihnen in der Wohnung spielt. Ihr Partner hat es wesentlich leichter, Zugang zu den Kindern zu finden, wenn er allein mit ihnen zusammen ist. Dann tragen sie vielleicht nicht den »richtigen« Anorak oder dem Wohnzimmer sieht man an, dass darin getobt wurde. Aber in diesen Stunden konnte die Beziehung zwischen Vater und Kind wachsen. Und Sie nutzen die Zeit für sich, um Ihre Akkus mit neuer geistiger, seelischer oder körperlicher Energie aufzuladen.

Mischen Sie sich möglichst wenig unmittelbar in Vater-Kind-Aktionen ein. Wenn Sie Ihren Mann in Gegenwart der Kinder maßregeln, bekommen Sie die ungute Rolle der »Bestimmer-Mama«, über die sich die Kinder mit dem Papa zusammen eines Tages lustig machen. Wenn Sie aufgrund Ihrer Erfahrung Dinge anders angehen würden, sagen Sie es Ihrem Partner entweder bei einem Gespräch vorab oder erst hinterher, wenn Sie mit Ihrem Partner wieder allein sind.

Wenn Sie während der Kindergartenjahre die Möglichkeit haben, öfter mal mehrere Tage Ihre Familie allein zu lassen, werden Sie eine ganz besondere Erfahrung machen: In diesen Vater-Kind-Tagen entwickeln Ihre Kinder neue Fähigkeiten. Denn Väter neigen selten zum Allroundservice, wie viele Mütter dies tun. Also lernt Ihr Kind den Tisch abzudecken oder es zieht sich plötzlich selbst den Schlafanzug an. Eines werden Sie allerdings dabei in Kauf nehmen müssen: Ihre Wohnung schaut nach fünf Tagen Abwesenheit möglicherweise unaufgeräumt aus. Bleiben Sie ruhig – Männer arbeiten nun mal »eingleisig«! Die wenigsten schaffen es, Kinder und Haushalt gleichzeitig zu betreuen.

Sie können mindestens zwei positive Argumente für sich verbuchen: Zum einen hat Ihr Mann hautnah miterlebt, wie viel Aufwand Familienmanagement bedeutet – er lernt Ihre Arbeit schätzen! Zum anderen macht Ihr Partner tief greifende Erfahrungen mit den Kindern, die ihn in seiner Rolle als Vater sattelfest werden lassen.

Eine weiter reichende Möglichkeit, aus der allein erziehenden Rolle wieder rauszukommen, bietet eine Neuverteilung der Berufstätigkeit.[9] Vielleicht ist jetzt für Sie der richtige Zeitpunkt, mit Ihrem Partner zu besprechen: Was können und wollen Sie zum Familieneinkommen beitragen? Was kann er im Gegenzug an Arbeitszeit reduzieren? Wie teilen beide dann Kinder und Haushalt auf? Ist es für beide okay, wenn er die finanzielle Last nicht mehr allein schultert?

»Du lässt mich ja nicht!«

Was Väter bremst und was sie lockt

Dieses Kapitel richtet sich besonders an Väter. Wie wichtig sie für die Erziehung der Kinder sind, wird zunehmend entdeckt. Wie ein Pendel, das in den vergangenen Jahrzehnten zugunsten der Frau ausgeschlagen hatte, schwingt es jetzt in Richtung der Männer. Das reicht vom Interesse an »kleinen Helden in Not«[10] über »Das Drama der Vaterentbehrung«[11] bis hin zum »neuen Vater«[12]. Aus gutem Grund: Jahrzehntelang galt die Mutter als einzig wichtige Bezugsperson zum Kind. Ist die Mutter-Kind-Beziehung in Ordnung, wächst das Kind glücklich auf, dachte man. Die Bedeutung des Vaters wurde unterschätzt. Dass er in einer arbeitsteiligen Gesellschaft zu Hause seltener auftauchte, galt nicht als Mangel. Er verdiente ja das Geld.

Die Folgen spüren wir bis heute: Mütter sind mehr und öfter zu Hause. Bis heute haben Frauen wesentliche Bereiche innerhalb der Familie besetzt. Für den Mann stellt sich die Frage, wo seine Felder innerhalb der Familie liegen.

Der Vater als unangreifbares Familienoberhaupt ist passé. In den Nachkriegsjahrzehnten dienten Väter oft noch als letzte Drohung: »Warte, bis der Papa heimkommt!« In den 70er-

und 80er-Jahren wurden viele Väter zu Kumpeln und Spielgefährten. Und heute? Damit Väter sich und all ihre männlichen Qualitäten ausspielen können, dürfen sie sich eine gewisse Unsicherheit eingestehen. Es ist weder eine Schande, dass die alten Vatervorbilder in der modernen Welt kaum taugen. Noch kann man Männern persönlich anlasten, dass ihre Väter selten zu Hause waren oder als Vorbild womöglich fehlten. Für die eigenen Kinder müssen junge Väter nun ein neues Selbstverständnis aufbauen.

Wenn ein Mann neues Selbstbewusstsein als Vater entwickelt, wirkt sich das auch auf die Partnerschaft aus. Das folgende Beispiel zeigt die Situation aus dem vorigen Kapitel durch die Brille des Mannes:

> Als Martin die Haustür am Montagabend endlich aufsperrt, ist er groggy: Der Arbeitstag war deutlich länger, als er es sich und der Familie zumuten wollte. »Wenigstens kann ich die Jungs noch ins Bett bringen«, denkt er. Als er die Wohnung betritt, wird es laut. Seine Frau Brigitte will gerade die Kinder ins Bett bringen – die protestieren lebhaft dagegen, als sie den Papa hereinkommen hören. Brigitte ist genervt und Martin sieht sich ausgebremst: Er hat doch per SMS Bescheid gegeben, dass er bis halb acht daheim sein wird. Er wollte doch von seinen Kindern noch etwas haben! Und das Ins-Bett-Bringen hätte seine Frau ihm auch lassen können!

Wird ein Mann wie Martin nach dieser Erfahrung das nächste Mal sein Interesse an den Kindern verteidigen? Oder geht er den bequemen Weg, bei dem ihm alte Argumente den Rücken stärken: Erziehung ist Frauensache! Frauen haben doch den angeborenen Mutterinstinkt. Sie hatten schon einen »natürlichen« Vorsprung durch Schwangerschaft und Geburt. Den haben sie mit den Kindern zu Hause in den letzten Jahren ausgebaut. Es ist tatsächlich einfacher, viele Handgriffe der Partnerin zu überlassen. Und bequem dazu!

Tatsächlich hat sich bei drei- bis siebenjährigen Kindern die Mutter- und Vaterrolle gefestigt. Das wieder zu lockern, ist nach mehreren Jahren »gemeinsamer« Erziehung gar nicht so einfach. Wenn es Eltern nicht von Beginn an schaffen, ganze Tagesabläufe selbstständig und jeder für sich durchzuziehen, haben sich schon nach wenigen Jahren Gewohnheiten, Muster und Kompetenzen eingeschlichen, die schwer wieder aufzubrechen sind: was für die Kinder gekocht wird, wie die Küche nach dem Kochen auszusehen hat, was überhaupt Sauberkeit ist. Was die Kinder dürfen und was nicht, wo und wie viele Spielsachen herumliegen – dieser Standard wird in der Regel von demjenigen festgelegt, der damit öfter zu tun hat. Bei klassischer Rollenverteilung ist das die Frau.

Männer tun sich mit vorgelegten Messlatten schwer: Sie lassen sich ungern korrigieren oder gar vorhalten, dass ihr Umgang dem Kind schadet. Bevor sie sich maßregeln lassen, ziehen sich viele lieber zurück. Den Erziehungswettkampf gegen die eigene Frau würden sie womöglich verlieren.

Schade! Würde der Vater richtig in den Ring steigen und seine Position deutlich machen, hätten seine Kinder mehr davon. Sie bekämen zur weiblichen Erziehung auch einen anderen, den männlichen Erziehungsstil mit. Kein Kind würde dabei verhungern oder vernachlässigt! Kinder erleben dann, dass Papa anders kocht, anders einkauft, anders erzieht. Sie verstehen schnell, dass sie selbst schauen müssen, ob sie einen Anorak anziehen, weil Papa ihn nicht hinterherträgt – so wie Mama vielleicht.

Biologisch gibt es (außer dem Stillen) keine Unterschiede, wie schnell oder feinfühlig Mütter und Väter auf Kinder in den ersten Lebensjahren reagieren. Es sind eher faktische Unterschiede, die die Mutter im Laufe der Jahre zur »kompetenteren« Erziehungsperson machen. Sie hat das Kind in der Regel tagsüber länger um sich, kennt dessen Abläufe und Bedürfnisse besser. Allerdings geht im Alltagstrott manches verloren: die Neugier auf die Welt, der Mut, Neues auszuprobieren.

Auch wenn Väter seltener da sind, können sie – vorausgesetzt, sie bringen sich intensiv ein – in kurzer Zeit diese Abwesenheit gutmachen. Entscheidend ist nicht die räumliche Anwesenheit, sondern die Präsenz mit allen Sinnen.

Der Vater hat eine ganz wesentliche Bindung zum Kind, die sich durch einen anderen, ergänzenden Erziehungsstil ausdrückt. Er prägt seine Kinder emotional viel stärker, als lange Zeit angenommen wurde. So zeigt die Bindungsforschung, dass Kinder bereits im ersten Lebensjahr eine sichere Bindung zu ihrem Vater aufbauen, wenn er sich in den gemeinsamen Zeiten mit ganzer Aufmerksamkeit dem Kind zuwendet. Kinder von liebevollen Vätern werden selbst fürsorglich und erwerben soziale Kompetenzen wie Hilfsbereitschaft, Fairness und Zivilcourage.

Durch das Spiel mit dem Vater lernen Kinder ganz besondere Dinge. Väter fördern intensiver die Neugier und den Durchhaltewillen. Sie vermitteln mehr als Mütter die Botschaft: »Komm, du schaffst das! Probier's noch mal.« Sie lassen Kinder mehr allein ausprobieren und sagen: »Ich bin sicher, dass du es auch allein kannst.« Diese Haltung gibt Söhnen wie Töchtern Kräfte, die sie zum Beispiel im Beruf eines Tages brauchen werden.

Väter fördern den Forscherdrang des Kindes nicht nur hinsichtlich fremder Situationen, sondern auch gegenüber fremden Personen. Jungen wie Mädchen entwickeln vornehmlich im Spiel mit dem Vater ihr Freundschaftskonzept. Im Spiel erleben die Kinder, welche Werte der Vater lebt: Ist er gerecht, kann er dem Kind verzeihen, kann er eigene Fehler eingestehen, darf das Kind etwas nicht können oder wird es dann abgewertet oder gar gedemütigt? Die Auswirkungen zeigen sich in der Befragung von Jugendlichen:[13] Wer als Kleinkind einen feinfühligen und herausfordernden Vater hatte, hat später bessere Chancen für feste Beziehungen – in der Freundschaft und in der Liebe.

Umgekehrt beeinflussen abwesende Väter das Verhalten ihrer Nachkommen bis in deren Erwachsenenleben hinein negativ, wie an früherer Stelle schon angedeutet. Der Psychoanalytiker Horst Petri stellt fest: »Vaterlosigkeit bringt für jedes Kind und späteren Erwachsenen ein dramatisches Lebensschicksal mit sich. Seelisches Leiden, psychosomatische Erkrankungen, Drogensucht, Gewalt und Kriminalität haben hier nachweislich eine entscheidende Wurzel. Deswegen kann nicht nachdrücklich genug betont werden: Mütter und Väter sind für das Kind von gleicher und unentbehrlicher Bedeutung.«[14]

Vaterlosigkeit hat viele Gesichter. Früher fehlten viele Väter, weil sie im Krieg gefallen waren. Inzwischen trennen nicht mehr Kriege, sondern Scheidungen Väter von Kindern. Bis in die 90er-Jahre wurden Kinder regelmäßig der Mutter zugesprochen. Heute ermöglicht das gemeinsame Sorgerecht, dass beide Eltern dem Kind erhalten bleiben. Familienrichter sehen nun beide Eltern, aber in der Praxis muss der Mann immer noch viele Widerstände überwinden. Sowohl er als auch die Exfrau haben Enttäuschungen erlebt und Groll entwickelt – die liegen erst einmal im Weg. Ein Mann braucht Selbstbewusstsein, will er als Vater dranbleiben.

Eine besondere Form der Vaterlosigkeit vermitteln Väter, die zwar körperlich anwesend sind, in Erziehungsfragen aber lieber Fahnenflucht statt Flagge zeigen. Nichtstun statt Einsatz, geistige Abwesenheit statt Kontakt, Abwertung statt Lob bremsen Kinder in ihrer Entwicklung. Sie sind schon im Kindergartenalter auffälliger, tun sich später schwerer in der Schule, sind unsicherer bei der Wahl von Freundschaften und unsteter in den Bindungen.

Es gibt viele Faktoren, die Väter in Rollen rutschen lassen, die sie sich ursprünglich gar nicht vorgestellt hatten. So entscheidet zum Beispiel die Partnerschaft, welche Rolle der Mann als Vater einnimmt: »Je besser die Partnerschaftsqualität ist, desto mehr ändert sich das Vaterschaftskonzept der Männer in Richtung des Typs ›Vater als Erzieher‹, und je schlechter die Partnerschaftsqualität ist, desto mehr ändert sich das Vaterschaftskonzept in Richtung ›Vater als Ernährer‹.«[15] Wie der Vater sich einsetzt, ist die eine Seite, eine andere, wie viel Unterstützung er von seiner Partnerin bekommt. Die Beziehung zwischen Vater und Mutter ist ganz wesentlich: Kann er ihr sagen, was er von ihr als Unterstützung braucht? Mit ihrer Rückendeckung tut er sich leicht – als Partner und als Vater in der Familie.

Ein weiterer Faktor ist der Beruf. In Deutschland ist die große Mehrheit der Väter Vollzeit beschäftigt, um das Familieneinkommen zu sichern. Wer einen Job hat und diesen ernst nimmt, pocht heute nicht mehr auf tariflich festgelegte 38,5 Stunden. Der steigende Konkurrenzkampf in Firmen lässt den Einzelnen unwillkürlich mehr (wenn auch nicht zwingend besser) arbeiten. Einfach mal zwei Stunden früher nach Hause gehen, wenn die Kollegen schon am Stuhl sägen – das ist nicht einfach. Wer beruflich aufsteigt und in außertarifliche Gehaltsbereiche vorrückt, wird erst recht länger arbeiten. Außerdem wird Mobilität aus zweierlei Sicht immer wichtiger. Aus Sicht des Arbeitgebers sollen Angestellte zunehmend »Global Players« werden. Zudem sorgt der private Wunsch, im Grünen zu wohnen, für weite Fahrwege. Über Jahrzehnte haben Bausparen und Eigenheimzulage dieses Bedürfnis unterstützt. Auch Väter, die ihre Wurzeln auf dem Land haben, pendeln lieber, als dass sie wegen einer Arbeitsstelle umziehen. Vielfahrer verbringen zusätzlich zur Arbeitszeit täglich mehrere Stunden auf der Straße. International tätige Manager sind als Vielflieger Tage oder Wochen unterwegs. Und wer sich selbstständig macht, hat in der Regel während der Gründungsphase ein Vielfaches an Aufwand zu leisten – plus das Risiko, im Falle eines Scheiterns die ganze

Familie zu belasten. Also wird man sich anstrengen und Zeit und Nerven in das eigene Unternehmen investieren.

Durch solche beruflichen Zwänge entgeht vielen Vätern Wesentliches in der Familie. Dabei wären Kinder in diesem Alter für die Väter richtig interessant: Sie werden ernsthafte Gesprächspartner, sie sind neugierig und fragen nach, sie sind für Unternehmungen und immer lebhaftere Spiele gut zu haben. Welche Mutter stellt sich schon nach einem anstrengenden Kindertag raus auf den Rasen und spielt mit dem Dreijährigen Fußball? Papa macht's. Wer schubst höher und kräftiger beim Schaukeln – die Mama? Nein, der Papa. Wer ist bereit, auf allen vieren durch die Wohnung zu krabbeln, »Pferd« zu spielen und dabei Ordnung und Haushalt mal vergessen zu können? Auch der Papa.

Doch Väter können mehr. Wenn Väter ihren Söhnen und Töchtern mehr mitgeben wollen als »Pferd spielen«, müssen sie anpacken, wie sie es im Beruf auch tun. Das schafft eine Grundlage für Eltern-Teamwork, bei dem jeder seine Qualitäten ausspielen kann. Väter, die mangels Vorbilder noch auf der Suche nach dem eigenen Weg sind, können Dinge anwenden, die sie im Beruf bereits gelernt haben. Im Job gibt es beispielsweise Absprachen mit Kollegen, Teamsitzungen, Zielvereinbarungen, Erfolgskontrolle und Ergebnisverantwortung. Das lässt sich auf die Abläufe zu Hause übertragen. Zum Beispiel: Wer mit dem Kind abends noch rumtobt, übernimmt anschließend auch das Beruhigen und Ins-Bett-Bringen. Wer mit den Kindern unterwegs war, zieht ihnen auch die schmutzigen Klamotten aus und versorgt sie. Wer mit den Kindern bastelt, räumt mit ihnen zusammen auf. Wer kocht, macht in der Küche auch wieder Ordnung. Im Beruf wollen Sie Ihren Arbeitsplatz ja auch aufgeräumt hinterlassen! Was spricht dagegen, die gleiche Sorgfalt zu Hause walten zu lassen?

Freiräume für Väter mit dem Kind entstehen einfacher, wenn er allein ganz für das Kind da ist – und sich auf dessen

Bedürfnisse konzentrieren kann. Für das Kind gilt das natürlich auch: Spiel, Spaß und das gemeinsame Aufräumen nur mit Papa – das funktioniert besser. Tauchen Konflikte zwischen Vater und Kind auf, haben es beide leichter, wenn sie unter sich sind. Den Konflikt müssen Vater und Kind allein lösen. Die Mama kann bewusst und ruhig den Raum verlassen. So signalisiert sie: »Ich lasse euch beide gerne mal allein« – und entdeckt dabei womöglich Freiräume für sich.

Sind beide Eltern anwesend, sollten sie im Konfliktfall zwar sofort reagieren, sich die Rollen aber neutral zuweisen: »Willst du dich kümmern oder soll ich?« Ist klar, wer reagiert, hält sich der andere raus.

Warum nur von Problemen sprechen? Erzählen wir doch unserer Partnerin im Nachhinein auch, was wir als Vater und Kind heute Schönes miteinander erlebt haben! So kann die Partnerin an unseren schönen Momenten teilhaben, ihre Neugier ist befriedigt und sie bekommt das Gefühl: »den beiden geht's gut.« Wenn Männer von sich aus erzählen, haben sie den Erzählfaden in der Hand und vermeiden bohrende Fragen sowie das Gefühl, ausgefragt zu werden.

Väter können sich eigene Zeiten mit Kindern reservieren. Es erfordert klare Absprache, was unter dieser »eigenen Zeit« zu verstehen ist. Ist das nur die Abwesenheit anderer Verpflichtungen oder auch die Abwesenheit der Mutter/Partnerin? Was eigene Zeit bedeutet, definiert der Vater zunächst für sich selbst und klärt es dann mit seiner Partnerin.

Väter sollten Mut haben zur eigenen Idee, standfest sein gegenüber der Ehefrau, liebevoll und verlässlich im Kontakt mit dem Kind. Dann können sie auch leichter den Rückenwind nutzen, den die Gesellschaft modernen Vätern inzwischen entgegenbringt.

Denkanstoß

Vatersein

Suchen Sie Antworten auf die folgenden Fragen – dann finden Sie Ihre Bausteine für neue Väterfelder.

- Was habe ich mir unter »Vater sein« vorgestellt?
- Was gelingt mir davon umzusetzen?
- Was hindert mich daran?
- Weiß ich als Vater, was zu Hause gerade ansteht?
- Habe ich besondere Spiele oder Erlebnisse mit den Kindern?
- Was war ein besonders schönes Erlebnis, und wie lange ist das her?
- An welchen Stellen unterstützt mich meine Partnerin?
- Welche Strategien habe ich, um meinen Standpunkt zu vertreten?

Typisch!? – Vaterrollen

Positionen in der männlichen Erziehungswelt

Nicht nur im Kino gibt es Rollen – auch im Leben suchen wir uns Rollen aus. Nach drei, fünf, sieben Jahren Leben mit Kindern haben wir uns zu Charakterdarstellern entwickelt. Ob uns der Dreh mit der Erziehung gelungen ist, steht erst fest, wenn die Dreharbeiten längst abgeschlossen sind. Ob die Rolle ein Erfolg wird, entscheidet das Kinder-Publikum. Wer bekommt den Oscar für die beste männliche Hauptrolle? Entscheiden Sie selbst, welche Rolle Ihnen am besten liegt.

Der ihm die Welt zeigt

Der Action-Papa nimmt das Kind mit in die Welt – und zeigt ihm *seine* Welt – die des Vaters oder die, die er gut für das Kind findet. Kein Erlebnisbad ist ihm zu weit, kein Freizeitpark zu teuer. Einerseits kommt das Kind rum, andererseits kann das mitunter ohne Rücksicht auf die Bedürfnisse des Kindes geschehen. Solche Väter laufen Gefahr, sich im eigenen Aktionismus zu verheddern oder nach einigen Stunden gelangweilte oder murrende Kinder um sich zu haben.

Entscheidenden, wenn auch nicht so offensichtlichen Anteil am Erfolg des Unternehmens hat die Frau. Lässt sie ihn machen in dieser Rolle? Fährt sie mit? Ist Papa der Fernfahrer am Steuer und sie unterstützt ihn, indem sie auf dem Rücksitz die Kinder beschäftigt? Wer von beiden beruhigt nach einem Zwölf-Stunden-Ausflug die überdrehten Kinder?

Der sein Ding macht

Dieser Vater ist sogar da, wenn er nicht da ist. Er bestimmt, was in der Erziehung gilt. Absprachen mit der Partnerin? Fehlanzeige. Die Hoppla-jetzt-komm-ich-Erziehung bietet Raum für Überraschungen. Dieser Vater hat ein kräftiges Ego. Kinder, die das toll finden, werden zu ihm aufschauen und das, was sie mitmachen, an einer sicheren und geborgenen Seite erleben. Kinder, die dazu neigen, den Schwächeren zu unterstützen, werden irgendwann reservierter ihm gegenüber und Mama verteidigen. Die Frau dieses Vaters kann sich entweder zurückziehen, unterordnen oder jedes Mal furchtbar aufregen. Vielleicht kann sie ihn auch »Erziehungsegoist« sein lassen – und gelassen abwarten, ob »sein Ding« tatsächlich so erfolgreich ist. Fehlversuche erledigen sich von selbst, mütterliche Einwände würden ihn nur bestärken: Jetzt erst recht!

Der von fern her zusieht

Er würde ja vielleicht wollen – aber die Umstände lassen ihn nicht. Der Papa aus der Ferne traut sich nicht nah an das Kind heran. Er liebt seine Kinder, aber das weiß nur er. Das kann verschiedene Gründe haben: Die Partnerin hat ihm die Erziehung komplett abgenommen (und verteidigt diesen Mutterboden womöglich: »Er ist ja sooo tollpatschig!«). Oder er ist viel anderweitig unterwegs und müde, wenn er zurückkommt. Zu Hause will er sich erholen. Vielleicht fehlen ihm auch die Vorbilder in der eigenen Familie. Oder er ist frustriert: Der Arbeit Suchende mag zu Hause sein und bleibt seinen Kindern dennoch fern. Zu sehr hat er am eigenen Schicksal zu knabbern, am Bruch des eigenen Ideals, so dass er den Nachwuchs auf Abstand hält und nicht so viel Energie für Erziehungsarbeit aufbringen kann.

Der im Büro bleibt

Eine Unterform des fernen Vaters, der die Abwesenheit mit Arbeit begründet. Er versteht sich als Ernährer der Familie und trägt mehr zum Familienunterhalt als zum Familienerhalt bei. Sein Vorteil: Wenn er kommt, hat er beim Kind Sonderstatus: Endlich ist Papa da! Ist er dann bereit, sich auf das Kind einzulassen, kann er vieles aufholen: schnell und lebhaft. Sein Nachteil: Er hat selten die ganze Verantwortung. Dadurch bekommt er nicht alle Facetten des Kindes mit – etwa wenn es Trost braucht. Die Frau bezieht diesen Vater nicht mit ein, weil sie meist das Leben mit den Kindern allein regelt. Ein Vorteil für sie: Sie wird finanziell gut versorgt.

Der ihr den Vortritt lässt

Die vielen Handgriffe im Alltag macht sie. Wo ist Verbandszeug, was isst das Kind am liebsten? Wann hat das Kind gleich nochmal Geburtstag, und wer soll zum Kindergeburtstag kommen? Das Heft hat die Frau in der Hand, und man(n) billigt es ihr zu. Dieser Typ des Vaters stellt sich selbst in die zweite Reihe. Da kann er wenig Fehler machen – und sie im ungünstigen Fall der Frau zuschieben. Das Pech an seiner unsicheren Rolle:

Er tritt in vorauseilendem Gehorsam den Rückzug an. Ob und was er seinen Kindern an männlichen Vorbildern mitgeben kann, bleibt im Nebel. Seine Fähigkeiten kommen erst zur Geltung, wenn er mal für die Kinder allein zuständig ist.

Der seinen Part ernst nimmt

Dieser Typ ist mit Überzeugung Vater. Deshalb kämpft er für einen eigenständigen Bereich in der Erziehung. Er fühlt sich beispielsweise für den Kindergarten verantwortlich: hinbringen und abholen, er besucht Elternabende und spricht mit dem Kind über dessen Kindergartenerlebnisse. Oder er übernimmt das Zu-Bett-Bringen – das gehört in sein Ressort. Da darf sich seine Frau nicht einmischen. Gibt es Absprachen? Eher ein stillschweigendes Nebeneinander der Eltern. Jeder macht zunächst mal Seins. Was das Kind lernt: Elterneigenschaften von jedem einzeln. Was es nicht mitbekommt: das Zusammenspiel von Vater und Mutter.

Der zu Hause bleibt

Dieser Mann gewinnt durch Rollentausch. Er ist überwiegend zu Hause und hat dort Zeit, sich um die Kinder zu kümmern. Er wird für sie erste Bezugsperson. Er managt den Haushalt, regelt Kindergartenkontakte und Arztbesuche. Die Frau hat die Ernährerrolle übernommen. Er hat seinen beruflichen Auftritt noch vor sich oder auch schon hinter sich und will nun das Heranwachsen seiner Kinder ganz bewusst erleben. Mag er auch im Kreise arbeitender Männer unmännlich erscheinen: Auf Spielplätzen oder bei der Versammlung von Kindergarteneltern bekommt er von der überwiegend weiblichen Mehrheit die volle Anerkennung – auch von der eigenen Frau!?

Der den Schulterschluss sucht

Der Prototyp des »modernen Vaters«: Er hat sich mit seiner Partnerin eine gemeinsame Erziehung vorgenommen und versucht dies auch umzusetzen. Er vertritt seinen eigenen Standpunkt offen gegenüber der Partnerin. Beiden Elternteilen gelingt es, sich abzusprechen. Er kann trösten, einfallsreich spielen, das Kind zum Kindergarten bringen oder abholen und kennt Gutenachtlieder. Er kann kochen und weiß, was der ganzen Familie schmeckt. Seine Rollen sind vielfältig – und diese Vielfalt männlicher Eigenschaften lernt sein Kind kennen. Die Frau muss sich ihre Erziehungshoheit mit ihm teilen. Sie kann sich auf ihn verlassen – und so schnell wird es beiden nicht langweilig.

Denkanstoß

- Wie würden Sie Ihre momentane Rolle betiteln: »Der ...«?
- Wie lautet Ihre Wunschrolle?
- Was vermuten Sie: In welcher Rolle sieht Sie Ihre Partnerin?
- In welcher Rolle würde Ihre Partnerin Sie gern sehen?

Genauso typisch!? – Mutterrollen

Positionen in der weiblichen Erziehungswelt

In welchem Film spielen Sie heute die weibliche Hauptrolle? Sind Sie eine Mutter Beimer aus der »Lindenstraße« oder fühlen Sie sich eher in einem anderen Film zu Hause? Seit der Geburt Ihres ersten Kindes wurden Ihnen viele Mutterbilder angeboten. Das Ihnen bekannteste war sicherlich das Ihrer eigenen Mutter. War diese Rolle so attraktiv, dass Sie sie heute auch spielen, oder haben Sie sich eine neue gesucht? Mit den Jahren sind Sie möglicherweise schon in verschiedene Rollen geschlüpft. Jede Schauspielerin braucht ihre Zeit, bis sie ihre Charakterrolle findet. Spannend, wie diese die anderen Mitspieler beeinflusst. Entscheiden Sie, in welchem Drehbuch Sie sich wiederfinden.

Die das Nest bewacht

Dieser Mutter liegt das Wohl ihrer Kinder sehr am Herzen. Sie weiß, dass Kinder sich von der Mutterliebe nähren, und die will sie ihnen ohne Einschränkung geben. Sie ist den Kindern sehr nah, wenngleich sie wenig Zeit fürs Spielen hat, denn sie geht voll in der Sorge um die Kinder auf. Sie sorgt sich um das gemütliche Zuhause, um das warme Essen, um die Kontakte zu Verwandten und befreundeten Familien. Sie hütet ihre Kinder wie ihren Augapfel und will sie vor lauernden Gefahren schützen – auch schon mal vor der lauten Stimme und den ungeschickten Händen des Vaters.

Die die Kinder fördert

Sie tut alles, damit ihre Kinder optimal heranwachsen. Sie lässt keine Vorsorgeuntersuchung aus, lässt nachsehen, ob sich die Kinder in ihrer motorischen und sensorischen Entwicklung altersgemäß entwickeln. Sie besucht mit den Kindern musische Früherziehung und Kinderballett, fährt sie zum Aikido und in die Geigenstunde. Ihrem Mann erzählt sie gern und viel von den Entwicklungsfortschritten und der optimalen Förderung der Kinder. Das wird ihrem Mann manchmal zu viel, zumal sie seine Ratschläge – wenn er denn welche macht – ungern hört.

Die alles im Griff hat

Sie organisiert ihre Familie vorbildlich. Der Haushalt ist tipptopp, die Kinder gehorchen, denn es gibt klare Regeln und Strukturen. Sie könnte problemlos einen großen Gutshof verwalten. Ihr Partner arbeitet mehr oder weniger motiviert mit. Wenn sie ihn nicht zu sehr einspannt, erhält sie von ihm die volle Anerkennung für ihr Familienmanagement. An manchen Tagen wünscht sie sich, auch mal alle viere von sich strecken zu können. Ob sie ihrem Partner zutraut, dass er auch mal die Verantwortung für Haushalt und Kinder übernimmt?

Die ihre Arbeit liebt

Wäre sie ein Mann, sie wäre in guter Gesellschaft! Als Frau muss sie die Liebe zu ihrem Beruf immer begründen oder gar entschuldigen. Den kinderlosen Zeiten trauert sie öfter nach. Sie liebt ihre Kinder, aber sie verkraftet es nicht, den ganzen Tag mit ihnen zu verbringen. Sie braucht den Kontakt zu Kollegen, den geistigen Austausch, die Herausforderung im Beruf. Mit etwas Glück hat sie einen Partner, der sich um die Kinder kümmert und für den Haushalt sorgt – ansonsten gibt es Tiefkühlpizza oder Au-pair-Mädchen.

Die die Nähe sucht

Sie ist sehr emotional und für die »Familiensoftware« zuständig. Sie freut sich mit den Kindern, mal ist sie wütend, mal traurig, mal ängstlich. Sie erlebt den Alltag mit den Kindern sehr intensiv und will ihnen Vertraute und Freundin sein. Wenn die Kinder ihre Grenzen testen, fühlt sie sich schnell überfordert. Sie hasst das Kräftemessen. Der Haushalt wird ihr manchmal beschwerlich. In praktischen Dingen fragt sie ihren Mann um Rat. Größere Entscheidungen wie Geldanlagen und Hauskauf überlässt sie ihm. Er zahlt die Rechnungen und plant die Versorgung – quasi die »Familienhardware«.

Die gern verwöhnt (wird)

Sie verwöhnt ihre Kinder, kleidet sie gern ein und findet sie zum Knuddeln süß. Doch regt sie sich auf, wenn die Kinder laut und wild sind. Dann schreit sie, was wenig nützt und zudem ihren Mann auf die Palme bringt. Haushalt und finanzielle Angelegenheiten sind nicht ihr Ding. Dafür hat sie ihren Mann. Das war schon früher so: Ihr Partner hat sie auf Händen getragen und sich um die komplizierteren Dinge gekümmert. Sie macht sich gern für ihn schön und liebt es, wenn er mit breiten Schultern der Welt entgegentritt und sie schützt.

Die um ihr Recht kämpft

Ihr ist wichtig, dass sie sich mit ihrem Partner die Arbeit fifty-fifty teilt. Jeder erhält eigene Bereiche im Haushalt: Der eine kocht, der andere spült. Jeder geht seinen eigenen Hobbys nach, sie nutzen beide Einzelurlaub und teilen sich die Kindererziehung. Sie achtet darauf, dass sie sich genauso gut beruflich entwickeln kann wie ihr Partner. Mögliche Risiken und Nebenwirkungen: Der Partner ist latenter Gegner, frau fürchtet, dass er sie übervorteilen könnte. Beide können ihre Überzeugung nicht loslassen – bei »Überdosis« droht Kontrollsucht.

Die den Schulterschluss sucht

Sie baut stark auf die Mitarbeit ihres Partners. Sie sorgt gewissenhaft für ihre Kinder, kann sie aber auch ihrem Partner leicht anvertrauen, denn sie weiß, dass er die Kinder gut kennt. Ihre Kinder genießen den Wechsel zwischen Papa und Mama. Beide Eltern unterhalten sich viel über die Kinder, denn sie wollen das Aufwachsen der Kinder gemeinsam erleben. Damit sie sich nicht nur als Eltern, sondern auch als Paar weiterentwickeln, müssen sie den Absprung in die Zweisamkeit schaffen – und zwar ganz bewusst. Andernfalls sprechen sie sich eines Tages nur noch als »Mutti« und »Vati« an.

Haben Sie sich in einer der Rollen wiedergefunden? Vielleicht auch nur teilweise? Ihre Rolle haben Sie auch nicht allein geschrieben, sondern Ihr Partner und Ihre Kinder sind aktive Co-Autoren Ihres Drehbuchs. Vielleicht sagen Sie: »Ja! So wie wir zusammenspielen, das passt zu uns, jeder hat seine Lieblingsrolle gefunden.« Oder meinen Sie, dass Sie eher unfreiwillig in Ihre Rolle gerutscht sind? Es könnte sein, dass auch die anderen Rollenspieler mit ihrem Drehbuch nicht ganz zufrieden sind. Vielleicht wollen Sie mal eine neue Rolle ausprobieren – am leichtesten geht das in der Fantasie …

Selbstbeobachtung

Ein neues Drehbuch

Schreiben Sie Ihr persönliches Drehbuch: Stellen Sie sich vor, Sie, Ihr Partner und Ihre Kinder sind Rollenspieler und spielen das Stück »Sonntagsfrühstück«.

Lassen Sie Ihrer Fantasie freien Lauf! Wo soll das Stück spielen? Zu welcher Jahreszeit? Wer tritt wann auf die Bühne? Was macht jeder? Was gibt's zum Essen und Trinken? Gibt es frische Brötchen? Ein Glas Sekt? Wer stellt es auf den Tisch? Stellt jemand Musik an?

In diesem Drehbuch legen Sie allein die Rollen fest und können frei wählen, wie sich alle Rollenspieler verhalten.

Eltern-Teamwork

Erzählen Sie Ihrem Partner davon – vielleicht hat er Lust, sich ein eigenes Drehbuch »Sonntagsfrühstück« auszudenken?! Fragen Sie ihn!

Stellen Sie sich vor, in Zukunft wird dieses Drehbuch an manchen Sonntagen bei Ihnen gespielt. Wäre doch schön, oder?

Wie unsere Elternqualitäten wachsen

Erziehen mit Adler, Bär, Luchs und Maus

In den zwei vorherigen Kapiteln haben wir Vater- und Mutterrollen getrennt voneinander beleuchtet. In welche Rollen Eltern geschlüpft sind, haben beide Partner nur teilweise bewusst entschieden. Zum einem bestimmen zahlreiche äußere Faktoren wie Arbeitswelt, Finanzdruck oder Wohnumfeld die Art und Weise, wie Eltern ihr Leben gestalten. Es gibt noch viel zu tun, damit unsere Gesellschaft familienfreundlicher wird!

Zum anderen wirken sich auch innere Faktoren auf unsere Vater- und Mutterrolle aus. Ob wir wollen oder nicht, wir beeinflussen uns als Eltern im täglichen Zusammenspiel gegenseitig. Einmal eingeschlagene Richtungen im Selbstverständnis als Mutter und Vater verstärken sich dadurch automatisch. Wenn wir dieses Innenverhältnis ändern wollen, hilft es, das Zusammenspiel genauer anzusehen.

Im Folgenden stellen wir die zwei Pole der Eltern-Kooperation vor. Je nachdem, wie Mann und Frau zusammenspielen, können sie sich entweder »komplementär« entwickeln oder sie haben einen »symmetrischen« Arbeitsstil.

Bei Paaren, die mit der Familiengründung die klassische Rollenverteilung gewählt haben, ergibt sich in der Regel ein »komplementäres Eltern-Teamwork«. Jeder weiß, wofür er zu sorgen hat, die Lebensbereiche sind weitgehend aufgeteilt. »Wofür der eine zuständig ist, das fasst der andere nicht an.« Oder umgekehrt: »Aufgaben, die einer abgibt, übernimmt automatisch der andere.« Hat der Mann als Single sein Bad noch selbst geputzt, so macht dies heute seine Frau. Eine verwandte Wechselwirkung lautet: »Wenn mir der Partner in einem Bereich überlegen ist, überlasse ich diesen ihm.« Hat die Frau ihr Fahrrad früher selbst repariert, so überlässt sie das heute ihrem Mann. Man könnte diese Dynamik auch »freundliche Übernahme und Rückzug« nennen.[16] Damit sich die Partner mit den Jahren nicht entfremden, brauchen sie gemeinsame Aktivitäten, bei denen sie sich aneinander freuen können.

Bei »komplementären« Paaren verstärken sich die Rollen gegenüber den Kindern entgegengesetzt: Je mehr der Mann zur Arbeit geht, desto stärker bindet sich die Frau an die Kinder. Im Konfliktfall verschwindet er im Beruf und sie verbündet sich mit den Kindern. Oft teilen sich diese Elternpaare auch das Leben mit den Kindern in verschiedene Bereiche auf. Die Frau umsorgt und pflegt den Nachwuchs, der Mann spielt mit ihm. Selbst im Umgang mit den Kindern spiegelt sich das komplementäre Zusammenspiel wider: Je vorsichtiger die Frau die Kinder anfasst, desto eher kommt der Mann in Versuchung, mit seinen Kindern übermütig zu toben. Komplementäre Paare kämpfen nicht um gleiche Ressorts, sondern gehen sich lieber aus dem Weg. Der Vorteil: Keiner kommt dem anderen mit seiner Kompetenz in die Quere. Offen ist allerdings, ob einer des anderen Arbeit wertschätzt oder ob die fremden Arbeitsbereiche offen oder verdeckt abgewertet werden. Lästern die Partner gegenseitig über »das bisschen Haushalt« und »den Schlaf im Büro« oder lobt einer den anderen: »Klasse, was du für unsere Familie machst!«?

Kinder, deren Eltern komplementär zusammenarbeiten, wissen bald, dass sie in bestimmten Fragen sich immer an die Mutter halten, bei anderen Themen sich nur an den Vater wenden sollten. Folglich verstärken auch die Kinder mit den Jahren die Arbeitsteilung der Eltern.

Im Gegensatz dazu entwickeln Paare, denen die Gleichberechtigung wichtig ist, oft einen »symmetrischen Kooperationsstil«: Beide Partner sind berufstätig, beide haben oft auch ihren eigenen Freundeskreis und eigene Hobbys, beide sorgen für ihr Kind. Sie begreifen Familie als Gemeinschaftsprojekt, zu dem jeder in allen Lebensbereichen etwas beiträgt. Im Extremfall sind beide grundsätzlich für alles zuständig, was schon morgens Teamsitzungen erfordert: Wer kümmert sich heute um was?

Über diesen regen Austausch lernen die Partner einander intensiv kennen – ihre Stärken, aber auch ihre Schwächen. Weil dieser Kooperationsstil viel Engagement erfordert, teilen manche Paare die Aufgaben mit der Zeit doch wieder auf, beispielsweise: Er spült, sie bügelt. Klappen Absprachen nicht, verstärken sich diese Paare in ihren Rollen eher durch einen verdeckten oder offenen Machtkampf: »Wenn du was tust, tu ich es auch.« Zum Beispiel: Wenn du deine Arbeitszeiten aufstockst, bleibe ich auch länger außer Haus.

Auch im Umgang mit den Kindern spiegelt sich diese »symmetrische« Dynamik wider: Wenn du dir Zeit zum Spielen mit den Kindern nimmst, will ich das auch. Wenn du unser Kind im Sport förderst, sorge ich mindestens genauso gut für seine musikalische Entwicklung. Im Streitfall bedeutet das: Wenn du keine Zeit für die Kinder hast, brauchst du nicht damit rechnen, dass ich das mache.

Sie spüren sicherlich, wie schnell in symmetrischen Beziehungen Wettrennen bis hin zu Machtkämpfen ablaufen können. Kinder von Eltern, die ihre Rollenmuster symmetrisch verstärken, erhalten entweder sehr viel oder aber zu wenig Zuwendung von beiden Eltern. Wenn's günstig läuft, können Kinder das Allroundangebot beider Eltern nutzen und sich an den wenden, der gerade Zeit hat.

> ## Eltern-Teamwork
>
> ### *Anregung zum Innehalten*
>
> Wie spielen Sie heute als Paar zusammen: Sind sie eher ein komplementäres oder ein symmetrisches Paar?
> Oder sind Sie ein Paar, das flexibel zwischen diesen Kooperationsstilen wechseln kann?

Je intensiver sich Eltern über ihr Zusammenspiel austauschen, desto mehr lernen sie ihre unterschiedlichen Elternqualitäten kennen. Es lohnt sich, von Zeit zu Zeit aus den eingefahrenen Rollen auszubrechen und neue Wege des Zusammenlebens auszuprobieren.

Denn die Kinder wachsen, und die Qualitäten ihrer Eltern wachsen mit ihnen. Damit jeder seine Elternqualitäten in einem ungeübten Bereich ausbauen kann, braucht er vom Partner Rückendeckung. Konkret heißt das: Halten Sie sich mit Verbesserungsvorschlägen zurück, wenn der andere einen Arbeitsgang neu ausprobiert und sich dabei in Ihren Augen ungeschickt anstellt. Auf unbekannten Wegen kann schon mal was schief gehen. Doch nur so entdecken Sie neue Seiten an Ihrem Partner – und darum wird es im Folgenden gehen.

Erziehen mit Adler, Bär, Luchs und Maus

In der Rolle des Vaters oder der Mutter haben Sie mit den Jahren bestimmte Elternqualitäten entwickelt, andere schlummern vielleicht noch. Neue Wege auszuprobieren lohnt sich immer dann, wenn Sie merken, dass in Ihnen noch wesentlich mehr steckt, als Sie im Augenblick ausleben. Wenn beispielsweise Ihnen als Vater auffällt, dass Sie zwar wunderbar mit dem Kind spielen können, doch nur so lange, wie Ihr Kind sich nicht wehtut – denn dann rennt es zur Mutter. Oder wenn Sie als Mutter merken, dass Ihr Kind permanent Ihre Grenzen testet, aber zum liebsten Kind wird, sobald der Vater nach Hause kommt.

Bereits in unserem ersten Buch *Eltern werden – Partner bleiben* haben wir die vier großen Elternqualitäten aufgeschlüsselt und diese vier verschiedenen Tieren zugeordnet:[17]

- der Adler, der nachdenkt und vorausplant,
- der Bär, der versorgt und beschützt,
- der Luchs, der spielt und erforscht,
- die Maus, die berührt und sich einfühlt.

Jede dieser Haltungen ist wichtig für eine funktionierende Familie. Spannend, wer welche Erziehungshaltung bevorzugt lebt. Ob beide Partner die vier Tiere in sich entdecken?

Nachdenken und vorplanen:  Der Adler

Wer aus der Perspektive des *Adlers* erzieht, betrachtet die Lebenszusammenhänge in der Familie von oben: Wie wollen wir miteinander leben? Welche Ziele verfolge ich in der Erziehung der Kinder, welche Ziele hat mein Partner beziehungsweise meine Partnerin? Was ist uns beiden wichtig?

Eltern machen sich viele Gedanken über die Entwicklung ihrer Kinder. Aus der Adlerperspektive beobachten sie die sprachlichen, motorischen oder auch sozialen Fortschritte der Kinder und vergleichen sie mit Altersgenossen. Sie überlegen, welche Fähigkeiten der Kinder sie fördern wollen und vor welchen schädlichen Einflüssen sie sie schützen sollten.

Aus der Adlersicht überlegen Eltern, welche Wertvorstellungen sie ihrem Kind mitgeben wollen. Soll es pflichtbewusst und fleißig werden? Oder soll es das Leben lustvoll genießen lernen? Oder soll es beides zur rechten Zeit können? Dann stellt sich natürlich die Frage, wie Eltern diese Wertvorstellungen ihrem Kind vermitteln. Kinder sind (leider) nicht durch Fachvorträge zu erreichen, sondern machen ihre Wertvorstellungen an dem fest, was Vater und Mutter ihnen tagtäglich vorleben. Folglich müssen Eltern die Adlerperspektive verlassen können und zur tatkräftigen Vermittlung ihrer Werte in die Bären- beziehungsweise Luchshaltung wechseln.

Versorgen und beschützen:  Der Bär

Wer einmal *Bären* beobachtet hat, weiß, wie sie sich um ihre Jungen kümmern und sie gegen alle Gefahren verteidigen. In dieser Haltung kümmern Eltern sich um ihre Jungen: Sie sorgen für einen Schutzraum, in dem sie gefahrlos aufwachsen können. Den verteidigen sie – und können dabei Bären-Kräfte entwickeln. In der Bärenhaltung sorgen Eltern für die Betreuung ihrer Kinder: dass sie gesundes Essen erhalten, in einem kindgerechten Zuhause wohnen, genügend Schlaf und frische Luft bekommen. Auch sorgen sie dafür, dass der Nachwuchs verlässlich und sicher jeden Tag in den Kindergarten kommt.

Aus der Bärenperspektive setzen Eltern Grenzen, damit ihre Kinder sich nicht überfordern, zum Beispiel durch zu viel

Fernsehen. Oder sie bestimmen Grenzen, um ihre Kinder vor Gefahren zu schützen. Sie verbieten das Fußballspiel neben der befahrenen Straße oder den Spielplatzbesuch bei einbrechender Dunkelheit. In der Bärenhaltung schützen Eltern ihr Kind vor körperlicher oder seelischer Gewalt und vermitteln ihm, dass es Nein sagen darf, wenn jemand es lockt oder bedroht.

Spielen und erforschen: Der Luchs

Ein *Luchs* durchstreift den Wald und erforscht alle Ecken und Winkel. Eltern begeben sich mit ihren Kindern in die Luchsperspektive, wenn sie mit ihnen »auf Augenhöhe« die Welt erforschen. In dieser aufgeschlossenen Haltung können Eltern ihrer Fantasie freien Lauf lassen und ausgelassen mitspielen. Sie sind fähig, sich in die Neugier der Kinder hineinzuversetzen. Keine Frage ist zu schwierig, kein Pfad zu abwegig, keine Idee zu schräg, um sie nicht auszuprobieren! Kinder erleben so die kreativen Seiten ihrer Eltern und im Gegenzug ermöglichen Kinder ihren Eltern, mit ihnen wieder die Welt der Spiele zu entdecken. Auf Luchspfaden gewinnen Kinder Selbstvertrauen in ihre eigenen Stärken und lernen, auch schwierige Abenteuer zu bestehen. In Märchen und Bildergeschichten tauchen Kinder ab in die Welt der Waldgeister und Feen. Mütter und Väter können sich von der Fantasiewelt ihrer Kinder verzaubern lassen. Wenn Eltern die Luchsseite in sich entdecken, haben sie viel Spaß mit ihren Kindern und die Kinder spüren die Lebenslust ihrer Eltern.

Berühren und mitfühlen:  Die Maus

Die Maus ist ein ausgesprochen sensibles Tier. Sie spürt kleinste Bodenerschütterungen, ist wendig und anschmiegsam, mal mutig, mal ängstlich. Wenn Eltern nach einem anstrengenden Tag ein übermüdetes Kind in Empfang nehmen, sich in dessen Begeisterung oder Überforderung hineinspüren können, erleben sie diese Gefühlswelt in der Mausperspektive. Wenn sie sich zum Kind hinunterbegeben, können sie in die Gefühlswelt des Kindes eintauchen und sind bereit, sie ein Stück nachzuempfinden. Die Maushaltung lässt Eltern Schmerz nachvollziehen und erleichtert ihnen zu trösten. Dann erkennen Eltern verzweifelte Wut und lernen, damit umzugehen. Sie spüren Trauer oder Angst und gehen darauf ein. Eltern, die sich in ihre Kinder einfühlen, können ihnen auch sprachlich vermitteln, was in ihnen vor sich geht. So lernen Kinder von den Eltern, dass die große Spannung in ihrem Bauch Wut oder Angst sein kann. Sie lernen, ein trauriges Gefühl von einem verzweifelten Gefühl zu unterscheiden. Erziehung aus der Maushaltung gesteht jedem in der Familie eigene Gefühle zu. Kinder dürfen ihre Gefühle zeigen und fühlen sich damit angenommen.

In jedem von uns stecken alle vier Elternqualitäten, wir haben sie aber unterschiedlich stark entwickelt. Gut, wenn jeder der Eltern über Familienziele nachdenkt, sich tatkräftig kümmert, das Spielen genießt und seinen eigenen Gefühlen traut!

Wer eine der Haltungen Adler, Bär, Luchs oder Maus isoliert lebt, erfährt ihre Schattenseiten.

Wer nur aus der *Adlerperspektive* erzieht, der droht und ermahnt zwar, lässt aber keine Taten folgen. Er entwirft Ideale und mahnt Werte an, bringt sich aber als Person wenig ein, so dass den Kindern das aktive Vorbild fehlt.

Wer ausschließlich die *Bärenseite* lebt, kümmert sich ohne Unterlass. Er behütet die Kinder übermäßig, räumt ihnen alle

Schwierigkeiten aus dem Weg und lässt sie dadurch wenig eigene Erfahrungen machen. Bei Eltern, die nur in der Bärenhaltung leben, ist ein Burn-out vorprogrammiert.

Wer die *Luchshaltung* nicht mehr verlässt und sich ausschließlich auf der Spielebene der Kinder bewegt, verliert die Gefahren aus dem Blick. Er übernimmt keine Verantwortung für die Kinder, sondern tollt genauso ungebunden und ziellos herum wie sie.

Wer wie die *Maus* nur aus dem Bauch heraus lebt, wird von Gefühl zu Gefühl getrieben. Er empfindet mal überschwängliche Freude, mal panische Angst, mal überschäumende Wut oder nicht enden wollende Trauer. Er reagiert genauso emotional wie die Kinder, knallt Türen oder wirft sich heulend aufs Bett. Damit wird er selbst zum Spielball – sowohl der Kinder wie auch des Partners.

Eltern-Teamwork

Ihre eigene Erziehungshaltung

Schauen Sie sich selbst mal über die Schulter:

In welcher Haltung gehen Sie durch den Tag? Wie viel Zeit verbringen Sie in jeder der vier Haltungen? Welche der Erziehungshaltungen deckt Ihr persönlicher Kreis ab?

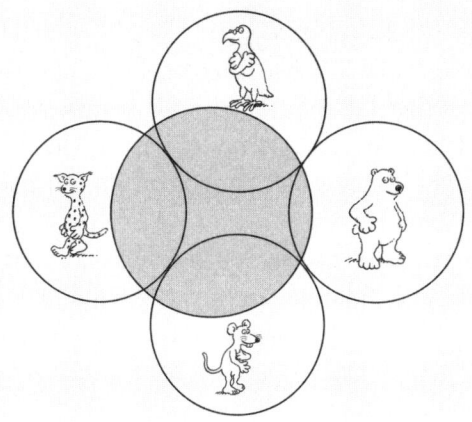

Wenn wir mit den Erziehungshaltungen spielen lernen, wird Eltern-Teamwork leicht. Als Eltern erleben wir besonders schöne Momente in der Erziehung, wenn wir Situationen mit der gleichen Haltung gemeinsam angehen oder bewältigen. Etwa ein »Adler-Spaziergang«, bei dem wir das kommende Wochenende planen oder uns überlegen, über welches Geburtstagsgeschenk sich unser Kind besonders freuen würde. Wir werden als Eltern bären-stark, wenn wir gemeinsam die Wohnung auf Vordermann bringen, bevor der Besuch kommt – da kann sogar Putzen richtig Spaß machen! Gemeinsam wie Luchse durch den Wald streifen, nach Pilzen suchen oder Fuchshöhlen ausfindig machen – das gleicht manchen Alltagsärger aus. Oder wenn wir nach einem anstrengenden Tag uns wie die Mäuse aneinander kuscheln und erzählen, was jeder erlebt hat.

Solche Familienerlebnisse klingen fast schon romantisch – sie kommen im Alltag leider nicht so häufig vor. Gerade deshalb empfinden wir sie als so wertvoll.

Wenn Sie bei sich beobachten, dass sich unangenehme Muster einschleifen, lohnt es sich, einmal andere Haltungen auszuprobieren: Will ich wirklich nur kochen, bügeln und putzen (in der Bärenhaltung), oder schaffe ich es, mich gedanklich wie ein Adler in die Lüfte zu erheben, um darüber nachzudenken, wie ich den Haushalt anders organisieren oder wegdelegieren kann, dass für mich auch Luchs-Zeit zum Spielen mit den Kindern bleibt?

Will ich wirklich das Wachsen meiner Kinder nur vom Büro aus von ferne erleben (als Adler) oder will ich selbst als Vorbild hautnah handeln – in der Verantwortung zu Hause als Bär, beim Spielen oder Vorlesen als Luchs oder beim Kuscheln und Raufen in der Maus-Haltung?

Unsere Eltern-Qualitäten werden in dem Maß wachsen, wie wir uns aus mancher Routine verabschieden und in der Erziehung neugierig und flexibel bleiben – wie unsere Kinder.

Kleine Familien – große Familien

Eltern-Teamwork in unterschiedlichen Familienkonstellationen

Wir sprechen mal von *dem* Kind, mal von *den* Kindern. Denn wenn Sie Kindergartenkinder haben, ist Ihre Familie möglicherweise schon gewachsen. In Deutschland lebt ein Fünftel aller Eltern mit einem Kind, die Hälfte der Eltern hat zwei Kinder und in einem Drittel aller Familien leben drei und mehr Kinder.

Je nachdem, ob Sie ein, zwei oder mehrere Kind(er) erziehen, sind Sie als Eltern vor unterschiedliche Herausforderungen gestellt. Noch einmal anders gestaltet sich Ihr Familienleben, wenn Sie mit Großeltern eng zusammenwohnen. Dann treffen drei Generationen aufeinander. Wir wollen die unterschiedlichen Familienkonstellationen genauer ansehen, denn in Ihrem Eltern-Teamwork haben Sie jeweils besondere Aufgaben zu bewältigen. Im Folgenden schauen wir uns drei Familientypen an: Einkindfamilien, Mehrkindfamilien und Mehrgenerationenfamilien.

»Zwei gegen einen ist unfair!«
Eltern-Teamwork
in der Einkindfamilie

Jede Familie beginnt als Einkindfamilie – außer natürlich, es werden Zwillinge oder Mehrlinge geboren. In der Einkindfamilie konzentriert sich alle Liebe, alle Lebenserfahrung und alle Lebenslust der Eltern auf das eine Kind. Es wird in eine Welt voller Erwachsener hineingeboren. Vater, Mutter sowie Großeltern betrachten voll Entzücken das Kleine, und das Kind seinerseits schaut auf zu lauter Großen, die bereits alles können, alles wissen. Das spornt einerseits den Nachwuchs an, schnell groß werden zu wollen, andererseits bringt es das Kind unter enormen Leistungsdruck. Deshalb sind Erstgeborene, vor allem wenn sie Einzelkinder bleiben, schnell vernünftig und reden oft altklug mit den Erwachsenen mit. Sie wollen beweisen, dass sie auch schon fast erwachsen sind. Sie bleiben beispielsweise am Küchentisch sitzen, wenn die Erwachsenen diskutieren, was später geborene Kinder kaum machen würden. Einzelkinder sind sehr darum bemüht, zur Erwachsenenwelt dazuzugehören.

Lange hat man Einzelkinder bemitleidet, weil sie ohne Geschwister aufwachsen. Inzwischen gibt es genügend Untersuchungen, die belegen, dass Einzelkinder auch viele Vorteile genießen: Sie bewegen sich wortgewandter und unbefangener in der Erwachsenenwelt. Sie lernen früh, sich selbst zu beschäftigen. Sie sind früher selbstständig, weil sie oft berufstätige Eltern haben. Und sie kümmern sich intensiver um Freunde, als Geschwisterkinder dies tun würden, denn sie sehnen sich nach Gleichaltrigen. Sie sind also keineswegs egoistischer oder unsozialer, wie böse Zungen manchmal behaupten.

> Einzelkinder sind besonders auf ein funktionierendes Eltern-Teamwork angewiesen.

Das Kind überprüft bei allem, was es denkt und tut, ob es damit den Vorstellungen und Wünschen seiner Eltern entspricht, denn es liebt beide, Mutter wie Vater, absolut exklusiv – und zwar unabhängig davon, ob die Eltern zusammenleben oder getrennt. Wenn Eltern offen oder verdeckt unterschiedliche Erziehungsziele verfolgen, gerät das einzelne Kind in eine Zwickmühle. Es kann sich ja nicht einmal mit einem Geschwisterkind verbünden und auf die doofen Eltern schimpfen! Wie soll es reagieren, wenn der Vater beispielsweise sagt: »Du stellst sofort den Fernseher aus!«, und die Mutter meint: »Lass ihn/sie doch!«? Das Kind beginnt zu testen: Was passiert, wenn ich am Tisch im Essen mansche – steht mir dann Mama zur Seite, weil ich noch so klein bin? Und was passiert, wenn ich die Zähne nicht putze, findet der Papa das auch nicht so wichtig? Die nervenaufreibenden Testläufe sind genau genommen Hilferufe eines Kindes, das wissen möchte, was beiden Eltern wirklich wichtig ist.

In der Einkindfamilie sind die Familienmitglieder zu dritt. In einer Triangel stellt sich grundsätzlich die Frage, wer mit wem zusammengeht. Nun hat aber ein Paar bereits eine gemeinsame Geschichte: Anfangs waren die Eltern als Paar zu zweit und mit sich allein beschäftigt.

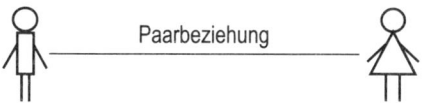

Als Paar sorgten sich Mann und Frau lediglich um *eine* Liebesbeziehung. Der Blick von Mann und Frau galt einander. Entstand aus dieser Liebesbeziehung ein Kind, wanderte der Blick von Mann und Frau hin zum kommenden Nachwuchs. Spätestens, als ihr Kind geboren wurde, konzentrierte sich alle Aufmerksamkeit auf den Säugling.

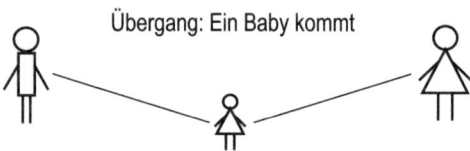

Übergang: Ein Baby kommt

Das Baby spürte, dass es im Mittelpunkt stand, was es sichtlich genoss. Nach den ersten innigen Monaten stellte sich aber für das Elternpaar die Frage: Dürfen wir auch mal wieder was allein unternehmen? Gar nicht so leicht – zwei gegen einen ist doch unfair, oder? Dürfen zwei Große ein Kleines allein lassen?

Wenn einer der Eltern während der Kleinkindjahre viel Zeit im Beruf verbrachte, hat dies automatisch die Beziehung zwischen dem anderen Elternteil und dem Kind zusammengeschweißt. In den meisten Familien entsteht dadurch eine enge Mutter-Kind-Beziehung. Schon wieder: zwei gegen einen?! Bleibt jetzt der Vater und Mann außen vor? Wenn aber der Vater sich häufig um seinen Nachwuchs kümmert – vielleicht ist er so in sein Kind vernarrt, dass er jede freie Minute mit seinem Kind verbringt –, was ist dann mit der Mutter? Fühlt sie sich dann ausgegrenzt? Diese Variante ist häufig bei älteren Vätern zu beobachten, die ihren Nachwuchs ganz intensiv erleben wollen.

Aus der einen Liebesbeziehung sind nun vier unterschiedliche Zweierbeziehungen entstanden: Die Mutter-Kind- und die Vater-Kind-Beziehung sind gewachsen. Gleichzeitig ist die Eltern-Beziehung parallel zur Paarbeziehung neu hinzugekommen. Als Vater und Mutter begegnen sich die Partner als Doppelspitze eines arbeitsintensiven und anspruchsvollen Projekts: die Familie. Die Elternbeziehung nimmt in den frühen Familienjahren naturgemäß breiten Raum ein, so dass die Liebesbeziehung oft schmerzhaft aufschreit, damit sie nicht völlig verdrängt wird.

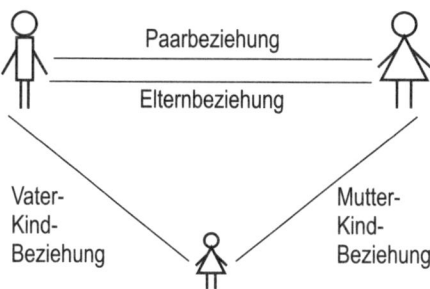

Wie lassen sich diese unterschiedlichen Beziehungen unter einen Hut bringen, ohne dass sich jeweils einer der Beteiligten ausgegrenzt fühlt? Eine glückliche Lösung scheint zunächst, dass alle drei möglichst viel Zeit zu dritt verbringen. In der Werbung sehen wir häufig das typische Bild der Einkindfamilie: der gemeinsame Spaziergang, bei dem das Kind in der Mitte sich an Mutters und Vaters Händen hält. Doch kommt damit wirklich jeder auf seine Kosten?

Ein Beziehungsnetz mit drei Personen ist einerseits so überschaubar, dass alle auf ihre Kosten kommen können. Die Triangel ist andererseits so lange vertrackt, wie alle möglichen Allianzen unausgesprochen im Raum herumgeistern.

Ein paar Dinge sind für ein glückliches Miteinander in der Einkindfamilie entscheidend:

- Ihr Kind braucht eine gemeinsame Erziehungsleitlinie. Gar nicht so einfach, werden Sie wohl sagen. Stimmt! Denn Sie erleben ja selbst jeden Entwicklungsschritt Ihres Kindes das erste Mal als Eltern. Ihre Vater-Mutter-Beziehung wird in den nächsten 15 Jahren noch manche Herausforderung erleben. Nutzen Sie diese Unsicherheit für Ihr Eltern-Teamwork und erzählen Sie Ihrem Partner, was Ihnen durch den Kopf geht, womit Sie gute Erfahrungen gemacht haben und womit Sie noch nicht zurechtkommen.
- Sie nehmen beide Ihr Kind in unterschiedlichen Situationen wahr – selbst wenn Sie nur einige Stunden mit Ihrem Kind verbringen. Tauschen Sie sich darüber aus, was Sie mit liebevoll-neugierigem Blick über Ihr Kind erfahren und was Sie für Ihr Kind für wichtig halten. Die Mutter-Kind-Beziehung ist anders als die Vater-Kind-Beziehung, und das ist auch gut so.
- Ihr Kind liebt Sie beide und Sie beide lieben Ihr Kind. Ihr Einzelkind braucht das Okay der Mutter, wenn es etwas mit dem Vater unternimmt, und umgekehrt. Sonst macht es nur den halben Spaß! Ihr Kind kann sich nicht richtig freuen, wenn es weiß, dass ein Elternteil traurig zu Hause sitzt oder die Unternehmung mit einem der Elternteile allein ablehnt. Dabei sind »Zweier-Aktionen« wunderbare Zeiten, in denen Sie sich ganz auf Ihr Kind konzentrieren können.
- Einzelkinder brauchen Kinder zur Entspannung von der anstrengenden Erwachsenenwelt, in der sie immer groß sein wollen. Je früher sie gute Freunde finden, am besten schon im Kleinkindalter, desto leichter können sie in eine Kinderwelt abtauchen. Also lieber bei Freunden übernachten lassen als bei den Großeltern, wo die Kinder es schon wieder mit Erwachsenen zu tun haben. Hierbei können Sie sich als Eltern-Team gegenseitig unterstützen: Wem das Abschiednehmen leichter fällt, der kann Ihr Kind zu Freunden bringen.

- Ihre Paarbeziehung braucht frischen Wind um die Nase, wenn sie neben Ihrer Elternbeziehung weiterleben soll. Unabhängig davon, wie viele Kinder ein Paar hat – für ihre Liebesbeziehung benötigen Mann und Frau eine kinderfreie Zone.

Solange eigene Kinder in der Nähe sind und das Paar für sie verantwortlich ist, solange denken, fühlen und handeln beide Partner als Eltern.

Manch ein Familienurlaub wird zum Fiasko, weil sich die Eltern vorgenommen hatten, in dieser freien Zeit einander als Paar wieder näher zu kommen – Pustekuchen! Während sie auch im Urlaub ihrem Elternjob nachgehen, produziert der Körper Stress- und Aktivitätshormone, aber keine Liebeshormone! Da haben sinnliche Gefühle wenig Chancen. Für ungestörte Zweisamkeit sind vertrauenswürdige Babysitter oder Kinderbetreuung unabdingbar.

Welchen Großeltern oder Freunden können Sie Ihr Kind für einen mehrtägigen Paarurlaub anvertrauen? Wenn Sie zu zweit ausgehen, tanken Sie Kraft, die letztlich Ihrem Kind zugute kommt. Aus dem »Zwei gegen einen ist unfair« wird ein »Zwei für einen macht stark«.

»Die Kleine hast du aber lieber!«

Eltern-Teamwork in der Mehrkindfamilie

Finanzielle Unsicherheit und unsichere Berufsperspektiven erschweren Eltern heute häufig die Entscheidung für ein zweites Kind. In vielen Sparten bedeutet ein mehrjähriger Berufsausstieg das Ende einer mühsam erworbenen Qualifikation. Und das trifft in Deutschland vor allem Frauen. Dennoch sind diese Sacharguments letztlich nicht ausschlaggebende Gründe, weswegen kein zweites Kind kommt. Die LBS-Familienstudie[18] belegt, dass nicht die reale Geldmenge, sondern das Eltern-Teamwork für den weiteren Kinderwunsch entscheidend ist. Fühlt sich die Frau in der Kinderbetreuung und im Familienhaushalt von ihrem Mann tatkräftig unterstützt, denkt sie offener über ein zweites Kind nach. Kann sie mit ihm über ihren Alltag und über ihre eigene Berufsperspektiven reden, wird ihr Wunsch nach einem zweiten Kind konkreter. Erlebt sie sich aber in den ersten Jahren mit dem Kind allein gelassen und in die Hausfrauenrolle gedrängt, sehnt sie sich in den Beruf zurück und kann sich kein zweites Kind vorstellen.

> Frauen entscheiden, ob ein zweites Kind kommt – Männer entscheiden, ob sich die Frau ein zweites Kind vorstellen kann.

Männer hingegen sind dann für ein zweites Kind offen, wenn sie nicht allzu sehr mit dem Nachwuchs um die Gunst der Partnerin konkurrieren müssen. Schaffen es Eltern, sich genügend Raum als Paar freizuhalten, fällt auch dem Mann die Entscheidung für weitere Kinder leichter. Paar-Zeiten sind Nährboden für weiteren Nachwuchs! Aus welchen Familien beide Eltern kommen, spielt auch eine Rolle: Sind sie in einer großen Familie oder als Einzelkind aufgewachsen, waren sie damit zufrieden oder wünschen sie sich für ihr eigenes Leben eine andere Familiengröße?

Ein zweites Kind verändert die Familie noch einmal grundlegend. Manche Eltern erzählen, dass sie sich erst ab dem zweiten Kind so richtig als Familie fühlten. Es gibt nun eine richtige »Kinderwelt« als Gegenüber zur »Erwachsenenwelt«.

Aus den bisher vier verschiedenen Zweierbeziehungen und einer Dreierbeziehung in der Einkindfamilie sind nun sieben Zweier-, vier Dreier- und eine Viererbeziehung entstanden:

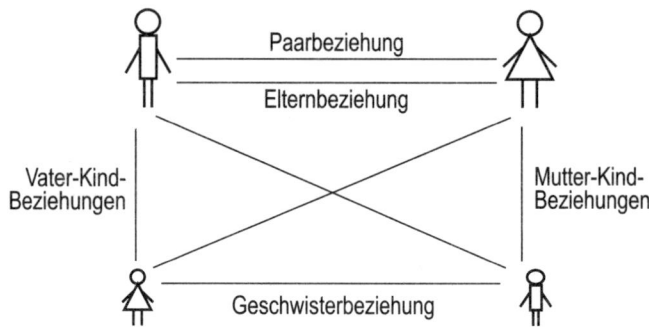

Als vierköpfige Familie haben Sie grundsätzlich eine entspannte Konstellation. Zwei Eltern – zwei Kinder; eine Erwachsenenwelt – eine Kinderwelt. Wenn die Kinder zudem noch Junge und Mädchen sind, hat jeder auch »Verstärkung« im eigenen Geschlecht. Dies wird später in der Pubertät oder mit erwachsenen Kindern interessant, wenn jedes Elternteil ein Pendant bei den Kindern findet. Dann gehen Mutter und Tochter shoppen und Vater und Sohn besuchen die Motorradausstellung – klar, lauter Klischees, aber es ist schon was dran!

Zunächst sind aber die Kinder klein und machen um ein Vielfaches mehr Arbeit. In den ersten Jahren stöhnen Eltern häufig, dass sich mit dem zweiten Kind die Arbeit mehr als verdoppelt hat. Wenn die Schlaf-Wach-Rhythmen der beiden Kinder tagsüber genau versetzt sind, finden Eltern nur schwer Zeit für sich.

In Sternstunden erleben Eltern auch Synergieeffekte. Wenn beispielsweise beide Kinder im Spiel vertieft sind und die Eltern sich ungestört unterhalten können. In solchen Momenten leuchten Elternaugen. Pures Glück! Sie spüren: Wir haben bereits die ersten anstrengenden Jahre geschafft! Noch sind solche Sternstunden kurz, aber sie werden mit den Jahren länger!

Sternstunden enden abrupt, wenn Eltern von zwei und mehreren Kindern etwas einholt, was Eltern von einem Kind nicht kennen: Streit, Rivalität, Konkurrenzkampf zwischen den Geschwistern. Das jüngere weint zum Steinerweichen, das ältere versucht sich nach Kräften zu verteidigen. Wie reagieren? Der Beschützerinstinkt würde sich allzu gern vor das weinende Kind werfen und das stärkere, redegewandtere Geschwister in die Grenzen weisen. Hoppla, stimmt das auch? In solchen Situationen brauchen Eltern nicht nur starke Nerven, sondern auch ein gemeinsames Krisenmanagement, das beiden Kindern gerecht wird. Fatal, wenn einer das eine Kind und der andere das andere Kind in seinem Schmerz unterstützt. So geraten beide Eltern unversehens an gegnerische Fronten.

Für Zweitgeborene und für jedes weitere Kind ist von Anfang an klar, dass sie mit ihren Geschwistern zur Kinderwelt in der Familie gehören. Wenn die Eltern schlecht gelaunt sind, sich streiten, mal ihre Ruhe haben wollen, können zwei und mehrere Kinder sich auch gemeinsam zurückziehen und miteinander spielen, bis sich der Rauch gelegt hat.

Das zweite Kind orientiert sich bei seinen Entwicklungsschritten am ersten und macht die Erfahrung, dass es den Vorsprung durchaus aufholen kann. Später Geborene erleben nicht den Stress, sich mit Erwachsenen messen zu wollen. Allerdings sind schon einige Erfolgsnischen besetzt. Sie werden sich also all die Bereiche suchen, die das Erstgeborene noch nicht erobert hat. Ist das erste Kind besonders ordentlich, versucht das zweite erst gar nicht, ihm den Rang abzulaufen, sondern entwickelt eher eine kreative Ader (die wir als Eltern gern als unordentlich bezeichnen). Ein drittes Kind entwickelt Stärken in einem weiteren unbesetzten Feld. Ist es das Jüngste, besticht es häufig durch ein besonders lustiges, gewinnendes Wesen.

Das Beziehungsnetz ist bunter geworden und damit auch Ihr Eltern-Teamwork:

- Mehr Arbeit wird weniger, wenn Sie sich öfter absprechen. Legen Sie einen Abend pro Woche fest, an dem Sie Eltern-Teamsitzung halten. Hilfreiche Fragen sind dazu:
  - Wann bekommt jeder von Ihnen nächste Woche seine familienfreie Zeit? Nur wer Energie tankt, kann von Herzen geben!
  - Was nehmen Sie sich für den nächsten *Paar*abend vor? Vor dem Fernseher kuscheln oder doch mal essen gehen?
  - Was steht aktuell mit den Kindern an?
  - Worüber haben Sie sich diese Woche besonders gefreut?
  - Was wollen Sie wiederholen? Nach dem Motto: Schau, was gut läuft, und mach mehr davon! Das bringt viel mehr, als über die Misserfolge zu lamentieren.

- Sie haben zwei, vielleicht schon drei wunderbar unterschiedliche Kinder. Beobachten Sie die Unterschiede, aber bewerten Sie sie nicht. Vergleiche wie »Die Kleine ist geschickter als die Große« sind für Geschwisterkinder schlimm und für Ihr Familienklima Gift. Auch plakative Zuschreibungen wie »Die Schlaue« oder »Die Sensible« engen die Entwicklungsmöglichkeiten Ihrer Kinder eher ein. Stattdessen können Sie sich gegenseitig unterstützen, wenn Sie den Kindern das sagen, was Sie wahrnehmen: »Ich habe gesehen, dass du dir die Schnürsenkel allein gebunden hast. Respekt!«, oder: »Mich freut es, wie du deinen Anorak aufhängst!«

- Liegt das zweite Neugeborene an Mamas Brust, wendet sich das erste Kind gewöhnlich Papa zu – sofern dieser sich Zeit nimmt. Umgekehrt kann bei zwei Kindern jedes Elternteil sich auf ein Kind konzentrieren und eigenständig handeln. Bei drei Kindern werden Sie bereits »jonglieren«. Wechseln Sie sich zwischendurch auch mal ab: Nehmen Sie sich als Mutter Zeit für Ihr Erstgeborenes, während Sie als Vater bewusst den Kontakt zum Neugeborenen aufbauen.

- Mit zwei, drei Kindern verlängert sich die Kleinkindphase. Auch wenn Sie sich vor Jahren, als das erste Kind kam, auf ein

Erwerbsmodell geeinigt haben, sprechen Sie jetzt nochmals offen über Berufsperspektiven. Damit Sie nicht in ein paar Jahren die Berufsfrage überrollt, überlegen Sie schon jetzt:
- Wenn die Frau (der Mann) ihren (seinen) Beruf aufgegeben hat – wann plant sie (er) den Wiedereinstieg?
- Wenn der Mann (die Frau) das Einkommen übernommen hat: Wie lange will er (sie) das alleine schultern?
- Wenn beide arbeiten: Was braucht jeder, um mit der Anstrengung zurechtzukommen? Wie viel Verdienst muss sein?
- Wenn jemand Arbeit sucht, aber keine findet: Welche Möglichkeiten gibt es, die nervenaufreibenden Wartezeiten zu nutzen – für Umschulung, Jobs, Fortbildung?

Wenn die Oma miterzieht ...
Eltern-Teamwork in der Mehrgenerationenfamilie

Noch vor einigen Jahrzehnten war es üblich, dass mindestens drei Generationen zusammenlebten. Die körperlich kräftigeren Eltern verrichteten die Arbeit auf dem Feld oder im Handwerk, während die Großeltern die Enkel betreuten. Großfamilien sind zwar seltener geworden, dennoch hat über ein Drittel aller Familien die Großeltern im selben Ort, ein Fünftel wohnt sogar mit ihnen im selben Haus. Großeltern können mit ihrem Wissen, ihren Erfahrungen und auch mit finanziellen Mitteln eine junge Familie unterstützen und stabilisieren. Sie können damit aber auch Macht ausüben.

Mit Blick auf die Vielzahl isoliert lebender Kleinfamilien wird das Großfamilienmodell heute gerne verherrlicht, das Leben mit Großeltern bietet aber auch jede Menge Zündstoff.

Zunächst die Vorteile: Beide Eltern können ihrem Schaffensdrang, der diese Lebensphase prägt, ungehindert nachgehen, während die Großeltern als Profis in der Kleinkinderziehung den Enkeln Wärme und Halt geben. Großeltern können auf ihren Erfahrungsschatz zurückgreifen und so manch schwierige Situation spielend meistern. So entsteht eine ganz besondere Anziehungskraft zwischen Großeltern und Enkeln. Vielleicht sind Sie selbst noch von der Großmutter erzogen worden und haben erlebt, wie Sie sich bei ihr sicher aufgehoben wussten.

Junge Eltern können schon bald wieder Abende zu zweit verbringen, ausgehen oder Sport treiben, während sie ihren Nachwuchs bei den Großeltern gut aufgehoben wissen. Um diese Paar-Zeiten werden sie von allein lebenden jungen Eltern über Jahre beneidet.

Das enge Zusammenleben kann aber auch schwierig werden: Für die jungen Eltern ergeben sich Macht- und Autoritätsprobleme, wenn sie sich nicht abgrenzen können. Sie haben wenig Spielraum für ihre eigene Elternaufgabe, wenn sie finanziell oder emotional von den Großeltern abhängig sind. Haben die Jungen auf dem Grundstück der Eltern gebaut oder das Haus oder die Wohnung finanziert bekommen, fühlen sie sich zur Dankbarkeit verpflichtet, was nicht selten zu Spannungen zwischen den Ehepartnern führt. Hat die Ablösung gegenüber den eigenen Eltern nicht richtig stattgefunden, liegt eine emotionale Abhängigkeit vor.

Großeltern und Eltern sind sich in Erziehungsfragen selten einig. Zum einen hat jede Generation ihre eigenen Vorstellungen, wie Kinder zu erziehen sind. Zum anderen waren die Eltern einst selbst Kinder dieser Großeltern und beurteilen deren Erziehung im Nachhinein mit kritischem Auge: Wann habe ich mich daheim wohl gefühlt, was hat mich damals verletzt? Nicht selten tauchen Wut und Eifersucht auf, wenn die Großeltern den Enkeln gegenüber nachgiebiger und herzlicher sind, als die Großeltern es ihnen gegenüber als Eltern waren. Damals gab es zum Beispiel oft Fernsehverbot, heute darf das Enkelkind unbegrenzt den Kinderkanal einschalten.

Wie nötig eine emotionale Ablösung von den Eltern ist, wird im direkten Zusammenleben viel schneller deutlich, als wenn die Großeltern weit entfernt leben.

Damit das Drei-Generationen-Beziehungsnetz alle gut trägt, sind folgende Punkte hilfreich:

- Denken Sie schon einmal an die Zeit, wenn Ihre Kinder in der Pubertät sind und wie üblich die Welt der Erwachsenen auf den Prüfstand stellen. Wer soll dann ihr Halt gebendes Gegenüber sein? Waren es bis dahin die Großeltern, werden diese vermutlich dann nicht mehr die Kraft haben, sich mit den Jugendlichen auseinander zu setzen. Wenn Ihnen als Eltern dann erst die Aufgabe des Grenzensetzens zufällt, wird es anstrengend. Deshalb ist es heute schon wichtig, dass Sie als Eltern für die Erziehung der Kinder die Verantwortung übernehmen – nicht die Großeltern. Machen Sie Ihren Eltern klar, dass Sie die Hauptverantwortung tragen, und sprechen Sie beide sich erst ab, bevor Sie Aufgaben an (Schwieger-)Eltern delegieren.

- Wo Väter und auch Großväter den Tag über auswärts berufstätig sind, ergibt es sich fast automatisch, dass Mutter und Großmutter Haushalts- und Erziehungsfragen diskutieren – einvernehmlich oder auch kontrovers. Achten Sie jetzt ganz besonders auf Ihr Eltern-Teamwork. Ihr Partner fühlt sich aus einer engen Mutter-Tochter-Verbindung schnell ausgegrenzt – oder aber er grenzt sich selbst aus, weil ihn der »Mütterstress« nervt. Sprechen erst Sie beide Ihre Erziehungsziele, Ihre Aufgabenverteilung und Ihre Freizeitplanung ab, bevor Sie die Großeltern miteinbeziehen.

- Reibereien mit den Großeltern gehören zum Alltag genauso wie Konflikte in einer Partnerschaft. Damit sie nicht eskalieren oder zum Dauerbrenner werden, konzentriert sich jeder von Ihnen beiden auf seine eigenen Eltern. Beschwert sich die Mutter des Mannes über die Enkel, sucht der Mann das klärende Gespräch mit ihr. Das soll nicht die Schwiegertochter übernehmen!

- Großeltern verwöhnen ihre Enkel gern. Gerade weil sie nicht die Verantwortung tragen, können sie mit mehr innerer Freiheit und Gelassenheit handeln. Und sie erfüllen sich selbst damit manchen Kindheitstraum, beispielsweise wenn sie ihnen Süßigkeiten schenken, die es in der Nachkriegszeit kaum gab. Klären Sie miteinander, welche Zeit Ihre Kinder bei Oma und Opa mit deren Lebensstil verbringen dürfen und welche Regeln gelten, wenn sie wieder zu Hause sind.
- Wenn Großeltern ihre Unterstützung dafür nutzen, sich in Gegenwart der Enkel über Sie zu beklagen und sich in Ihre Partnerschaft einzumischen, setzen Sie ein klares Stopp. Erklären Sie ihnen, dass sie damit auch den Enkeln schaden.
- Sie brauchen als junge Familie den Freiraum, nach Ihren Vorstellungen leben zu dürfen. Bringen die Großeltern Sie oder Ihren Partner häufig in einen Loyalitätskonflikt, belastet das die Ehe. Wird Ihr Spielraum massiv eingeengt, stehen Sie früher oder später vor der Trennungsfrage: Wer zieht aus? Einer von Ihnen, sie beide oder die Großeltern? Je klarer Sie beide Ihren Lebensstil nach außen vertreten, desto schneller klärt sich, ob ein Zusammenleben auf Dauer möglich ist.
- Jede Generation hat ihre eigene Einstellung zu Familien- und Gesellschaftsfragen. Je mehr Eltern und Großeltern einander gewähren lassen, desto leichter fällt das Zusammenleben.
- Wenn Großeltern Ihnen Aufgaben abnehmen, sind das Geschenke, die sie freiwillig geben. Sie müssen sie nicht annehmen! Doch wenn Sie sich über Babysitten oder andere Hilfe freuen, sagen Sie offen Danke – damit machen Sie ganz deutlich, dass sie das Angebot als Geschenk schätzen.

Krisenklassiker im Kindergartenalter

> »Die Arbeit läuft nicht davon,
> während du dem Kinde den Regenbogen zeigst,
> aber der Regenbogen wartet nicht,
> bis du mit der Arbeit fertig bist.«
> Anonym

In den vorangegangenen Kapiteln ging es um grundsätzliche Themen des Familienlebens. Der zweite Teil des Buches handelt von ganz konkreten Alltagssituationen, die Eltern in den Kindergartenjahren erleben.

Die folgenden 14 Kapitel beleuchten neuralgische Punkte im Familienalltag – und deren mögliche Lösung. Angefangen beim morgendlichen Zeitdruck (»Trödel nicht so rum!«) über Einflüsse von außen (»Fernseher – Gameboy – Playstation«) und Fördermöglichkeiten (»Wenn Fördern fordert«) bis hin zum Zu-Bett-Bringen am Abend (»Endlich Feierabend – und das Chaos beginnt!« und »Ich bin aber noch nicht müde!«).

Keine Entwicklungsphase verläuft ohne Gefühlskarussell. Ob Wut und Verzweiflung, Angst und Trauer, Scham und Unsicherheit oder Stolz und Freude – hier geht es darum, die Kraft der Gefühle für Entwicklung und Beziehungsaufbau zu nutzen. Jetzt wachsen die vier Elternqualitäten, die jeder in sich trägt und unterschiedlich einsetzen kann: aus der *Adler*perspektive Überblick gewinnen, einmal tatkräftig wie ein *Bär* handeln, ein andermal *Luchs*-Ideen sammeln oder mit *Maus*-Gespür auf Gefühle achten.

Diese Kapitel bieten sich an, um darin nachzuschlagen. Jedes ist in sich abgeschlossen – Sie brauchen keine festgelegte Reihenfolge einzuhalten. Sie können sich die Themen heraussuchen, die Sie aktuell bewegen. Am Ende jedes Kapitels finden Sie praktische Anregungen für Ihr Eltern-Teamwork.

Endlich Feierabend – und das Chaos beginnt!

Von Tagesturbulenzen und geglückten Landungen

Feierabend – das riecht nach Freizeit, das schmeckt nach Freiheit, das hört sich nach Heimkommen und Entspannung an. In den meisten Familien ist dies die längste zusammenhängende Zeit des Tages, in der sich alle Familienmitglieder treffen.

> »Ihr habt es gut. Bei euch ist jemand da, wenn man heimkommt, es gibt immer warmes Essen und du kannst jemandem erzählen, was dich den Tag über bewegt hat«, schwärmt Single-Freundin Sabine fast neidisch, wenn sie abends bei Paul und Inge vorbeischaut. Lena (5) und Tom (3) lächeln friedlich, doch Paul und Inge schauen einander fragend an. Bis eben noch herrschte Chaos bei ihnen.

Mit kleinen Kindern hat der Feierabend ein völlig neues Gesicht bekommen. Zu Zeiten, als Sie noch allein oder als Paar zusammenlebten, war der Feierabend eine Ruheoase. Schluss mit Pflicht, Arbeitsstress und Anspannung. Jetzt begannen Stunden, die Sie selbst gestalten konnten – freie Zeit zum Sammeln neuer Kräfte, Zeit für Hängematte, Lust und Freunde.

Wovon Sabine als Single nichts weiß, ist der tägliche Zweitberuf von Paul und Inge. Der sah heute so aus:

Als Paul von der Arbeit heimfährt, freut er sich auf seine Frau und seine Kinder – heute ist er sogar zeitig dran. Er stellt sich schon vor, wie er sie begrüßt. Inge ist nach der Arbeit mit den Kindern auf den Spielplatz gegangen. Mit Mühe zieht sie Lena und Tom vom Spielplatz ab, denn sie muss noch kochen. Daheim angekommen, läutet das Telefon. Bereits leicht angenervt, wimmelt Inge ihre Schwiegermutter ab: Sie will jetzt wirklich kochen. Lena und Tom sind währenddessen mit dreckigen Schuhen ins Kinderzimmer gelaufen. Inge schimpft mit beiden, murrend ziehen die Kinder ihre Schuhe aus, worüber die beiden in Streit geraten. In diesen Kinderstreit hinein öffnet Paul die Haustür. Lena stürmt auf ihn zu und petzt: »Der räumt seine Schuhe überhaupt nicht auf!« Tom eilt hinterher und will sich verteidigen. Als Paul von den Kindern aufschaut, sieht er in das angespannte Gesicht seiner Frau ...

Statt herzlich begrüßt zu werden und sich zu entspannen, betritt der Heimkehrende eher einen Löwenkäfig. Jetzt muss nur noch einer der Eltern einen unpassenden Spruch von sich geben, und der Abend ist gelaufen. Früher konnten Inge und Paul durch das Schließen der Haustür die Berufswelt draußen lassen und innen öffnete sich die Paar-Welt: In diesen kleinen Kosmos konnten sie abtauchen und sich dabei so erholen, wie beide es wollten.

Nun wartet auf Eltern am Feierabend zunächst ein weiteres Pflichtprogramm. Eine Runde Familienmanagement ist angesagt: Abendessen richten, überdrehte Kinder zur Ruhe bringen, sie ins Bett bringen und manches mehr. Der Arbeitstag von Eltern ist oft anderthalbmal so lang wie der von kinderlosen Berufstätigen.

Eltern wechseln täglich zwischen zwei völlig verschiedenen Arbeitswelten: eine außerhalb der Familie im Beruf und eine innerhalb der Familie in der gemeinsamen Elternverantwortung. Egal, ob einer überwiegend in der Berufswelt und der andere nur in der Elternverantwortung steht oder ob sie sich Beruf und Familie paritätisch aufteilen – Fakt ist: Eltern leisten enorm viel, bevor sie selbst zur Ruhe kommen.

Auch die Räume für Entspannung haben sich verändert. Die Zeiten für eigene Hobbys und Partnerschaft sind in die Randstunden des Tages gewandert. Allerdings ist eine weitere Möglichkeit hinzugekommen, sich zu entspannen: das Spiel mit den Kindern. Spannend, ob und wann Eltern dies als Freizeit nutzen!

> **Eltern-Teamwork**
>
> *Wie sich Feierabend-Träume verändern*
>
> Erinnern Sie sich an Ihre Zeit vor den Kindern. Was beinhaltete Ihr Feierabend damals? Schreiben Sie alle Aktivitäten auf, die Ihnen damals lieb waren.
>
> Und nun erträumen Sie sich eine »ideale« Gegenwart ... Was würden Sie mittlerweile gern am Feierabend erleben? Was machen Sie davon mit den Kindern, was mit dem Partner, was am liebsten allein? Schreiben Sie alles auf, was Ihnen besonders wichtig ist.
>
> Vereinbaren Sie mit Ihrem Partner, einander von Ihren Träumen zu erzählen – Träume dürfen Wirklichkeit werden!

Blicken wir noch einmal auf den Beginn des Feierabends:

Der Moment des Ankommens ist ein neuralgischer Punkt, der allzu häufig darüber entscheidet, wie die freie Zeit mit dem Partner verläuft. Dieser erste Moment hat etwas ähnlich Magisches wie der erste Eindruck beim Bewerbungsgespräch. Kippt an diesem Kontaktpunkt die Stimmung, kostet eine positive Wendung viel Kraft. Also: Hier sollten wir aufmerksam und achtsam sein!

Im Moment des Ankommens stoßen unterschiedliche Erwartungen aufeinander, die meist unausgesprochen bleiben.

Feierabend heißt für Eltern zunächst Ankommen in der nächsten Arbeitsstelle. Wer aus der Arbeit heimkommt, sehnt sich zunächst nach Ruhe – egal, ob mittags oder abends. Er will womöglich nur aufs Sofa und die Augen schließen. Viele Eltern kommen heute von Computerarbeitsplätzen visuell völlig überlastet nach Hause. Für manche ist es verführerisch, erst dann daheim aufzutauchen, wenn sich die Wogen geglättet haben – und das ganze Familienmanagement schon erledigt ist. Manche Männer lösen das mit Mehrarbeit, andere mit der Kneipe an der Ecke – bequem, hat aber einen hohen Preis. Denn der Vollzeitberufstätige verzichtet damit auf das Kinderspiel und langfristig gesehen auf die Beziehung zu den Kindern.

Auch wer daheim die Stellung hält, sehnt sich nach Entspannung. Wann kommt endlich die Ablösung? Kommt der Partner verspätet heim, ist der Krach vorprogrammiert. Wer den ganzen Tag mit den Kindern verbringt, würde sich am liebsten einfach in ein ruhiges Eck absetzen und von niemandem mehr begrapscht werden. Mütter sind häufig akustisch überlastet – von früh bis spät »Mama-Rufe«. Selbst wenn die Kinder nichts von sich hören lassen, lauscht das wachsame Mutterohr, ob alles in Ordnung ist. Eine Lösung lautet: Raus aus dem Gefühl der Verantwortung! Endlich zu sich selbst kommen und sich selber wieder spüren – und dabei das Gesellschaftsideal der treu sorgenden Mutter für ein paar Stunden über Bord werfen!

Kinder spüren die Sehnsucht der Eltern nach Entspannung. Die Kleinen brauchen dies nach einem anstrengenden Kindergartentag ebenfalls. Sie wünschen sich, dass ihnen die Eltern jetzt viel Aufmerksamkeit schenken. Manche mögen beim Ankommen toben (für Papa vielleicht sogar eine nette Abwechslung, für Mamas Ohren dagegen Stress pur), andere lieben Kuscheln und wollen Nähe spüren. Manche Kinder mögen erzählen und zeigen, was sie den ganzen Tag über erlebt haben.

Aber: Noch mehr Informationsinput ist für beide Eltern anstrengend.

Wie lässt sich nun der Moment des Ankommens entschärfen und als Eintrittskarte nutzen? Hier einige bewährte Ideen, die Sie als Elternteam stärken:

- Wenn Sie den Zeitpunkt des Heimkommens klar absprechen, fällt das zermürbende Warten weg und Sie können sich bereits frühzeitig aufeinander freuen. Ein kurzer Anruf aus dem Stau auf der Autobahn erspart Ihnen manchen Ärger.

- Begrüßen Sie immer zuerst Ihren Partner! Eine Umarmung, ein Kuss, ein liebevoller Blick sind wertvolle Anker, mit denen Sie als Erstes Ihr »Paar-Schiff« in Sicherheit bringen. Danach können Sie immer noch Kinderstreit und Haushaltsfragen klären. Ihre Kinder werden diesen Vorrang akzeptieren, wenn sie spüren, dass diese wenigen Minuten den Familienabend befrieden.

- In späteren Jahren können Sie diese erste Begrüßung als Ankommensritual ausdehnen, in dem Sie erst miteinander eine Tasse Tee oder ein Glas Wein trinken, bevor der weitere Abend abläuft. Solch kleine Rituale sind Urlaub im Alltag. Kinder lernen dabei, wie ihre Eltern Übergänge zwischen Arbeit und Genuss schaffen.

- Auch jedes Kind möchte einzeln begrüßt werden. Eine dicke Umarmung und ein ehrliches »Wie geht's dir?« lassen die Beziehung wachsen und wirken Wunder. Solche Gesten zeigen: Du bist mir wichtig, ich interessiere mich für deine Erlebnisse. Die aufmerksame Begrüßung kann als tägliches Ritual zum Familienschatz werden.

- Herzlich begrüßt, hört ein Kind auch auf den Elternwunsch »Du, ich bin hundemüde, ich leg mich kurz hin, lass mich ausruhen. Danach spiele ich gerne mit dir.« Schon Dreijährige können verstehen, dass Mama oder

Papa kurze Auszeiten brauchen. Das akzeptieren sie, wenn Eltern hinterher wahr machen, was sie versprechen: das angekündigte Spiel.

- Wer heimkommt und eine brenzlige Situation vorfindet, wie Paul in unserem Beispiel, ist verleitet, sofort klären zu wollen. Mit einem »Langsam, ich möchte erst eure Mutter / euren Vater begrüßen« nehmen Sie gut Wind aus den Segeln. Wenn Sie dann noch die Kinder auffordern: »Kommt, erzählt mir mal, was jeder von euch erlebt hat«, geben Sie auf konstruktive Weise den Kindern das, was sie mit dem Streit eigentlich bezwecken wollten: die Aufmerksamkeit der Eltern.

- Mahlzeiten sind Gemeinschaftserlebnisse, an die wir uns noch Jahrzehnte später erinnern. Sie können das Abendessen als Ihren besonderen Alltagstreffpunkt ausbauen, zum Beispiel mit warmem Essen, mit Nachtisch oder Espresso, mit Zeit zum Erzählen – in französischen Familien ist das üblich. Diese Mahlzeit wird Ihnen noch mit großen Schulkindern als Familientreffpunkt erhalten bleiben. Und ein weiterer Aspekt: Geregelte, entspannte Mahlzeiten beugen Essstörungen vor. Wir schützen unsere Kinder vor Frustessen und Zwischendurch-Schleckereien, wenn sie von klein auf gesundes Essen in gemütlicher Atmosphäre erleben.

- Rituale bringen Ruhe in den Alltag, sie wirken entspannend. Kinder kennen bereits aus dem Kindergarten, dass Freispiel, Stuhlkreis, Brotzeit und Spiel im Freien in einer regelmäßigen Abfolge wiederkommen. Sie mögen diese zeitliche Struktur, die ihnen Halt gibt. Setzen Sie sich zu zweit oder auch als Familie zusammen und überlegen Sie gemeinsam, wie Ihr persönliches Abendritual aussehen soll, bei dem alle auf ihre Kosten kommen.

Eltern-Teamwork

Unser Feierabend-Ritual

Kopieren Sie diese Seite. Schneiden Sie all die Bausteine aus, die Ihnen wichtig sind. Auf die leeren Kästchen können Sie eigene Wünsche schreiben. Dann ordnen Sie die Bausteine und kleben sie auf ein buntes Papier.

Begrüßung als Paar	Kissenschlacht mit Kindern	Abendspaziergang
Begrüßung der Kinder	Auszeit für Mama	Auszeit für Papa
Fernsehen	Auszeit für Fernseher	Waschen / Bügeln / Spülen
Erzählen vom Tag	Buch anschauen	Zu-Bett-Bringen mit Geschichte
Zeitung lesen	Computern	Kuscheln auf dem Sofa
Abendessen	Brettspiele	Garten / Blumen gießen
Abendsport		

Rituale sind hilfreich, solange sie lebendig bleiben. Wenn die Kinder größer werden, ändert sich Ihr Feierabend-Ritual. Mit den Jahren werden die Kinder mehr mitgestalten. Sie haben dann von Ihnen bereits gelernt, was Familienzusammenhalt fördert und wie sich stressige Übergänge mit mehreren Personen gut bewältigen lassen – und zu einem Ergebnis führen, wie es Single-Freundin Sabine so schätzt.

Wochenend und Sonnenschein

Erwartungen und Enttäuschungen in der Familienfreizeit

Wochenende – nicht nur die knappen Randstunden des Tages, sondern zwei volle freie Tage! Himmlisch! Manchmal sogar drei, wenn ein Feiertag das Wochenende verlängert. Das klingt noch verheißungsvoller. Freie Tage, die wir selbst gestalten können! Endlich Zeit, sich zu erholen!

> Sonntagabend bei Familie Müller: Die Eltern Oliver und Jana sitzen vor dem Fernseher, die Kinder schlafen bereits. Beide wirken erschöpft – vom Wochenende, das soeben zu Ende geht. Der Samstag ging drauf mit Möbel- und Großeinkauf. Am Sonntagvormittag spielte Oliver Fußball, und später waren sie bei Janas Eltern zum 60. Geburtstag eingeladen. »Ich weiß auch nicht, wie andere das schaffen«, stöhnt Jana, »eigentlich wollte ich, dass wir als Familie was Tolles unternehmen. Pustekuchen – und die Wohnung schaut schlimmer aus als unter der Woche.« »Wieso, wir waren doch miteinander bei deinen Eltern oder gönnst du mir vielleicht jetzt nicht mal mehr das Fußballspielen?«, kontert Oliver.

Die Lunte ist bereits gelegt, dass auch noch der letzte spärliche Teil des Wochenendes »in die Luft geht«. Ob Jana jetzt zum Streichholz greift und Oliver es anzündet oder ob einer von beiden merkt, dass unausgesprochene Erwartungen das Wochenende zu einem explosiven Gemisch gemacht haben?

In allzu vielen Familien bleiben die Erwartungen an die »arbeits-freie« Zeit unausgesprochen, wodurch die Wünsche wachsen und deren Erfüllung drastisch abnimmt.

Wochenendfantasien entstehen oft schon unter der Woche. Das sind Wünsche wie: mal ausschlafen, mal gemütlich frühstücken, mal wieder Freunde besuchen, Zeit zum Faulenzen, mit den Kindern spielen. Die Wünsche der Partner gehen möglicherweise weit auseinander. Wer Vollzeit berufstätig ist, harte körperliche Arbeit leistet oder viele Gespräche mit Kollegen oder Kunden führen muss, sehnt sich eher nach häuslicher Ruhe. Wer zu Hause arbeitet, möchte am Wochenende rauskommen und wünscht sich Kontakt und Abwechslung. Und die Kinder entwickeln zunehmend eigene Interessen. Sie lieben Ausflüge und fröhliche Familienaktionen. Sie wollen ins Figurentheater gehen, am Bach wandern und Kaulquappen beobachten oder Spielfeste mit Hüpfburg und Rollenrutsche.

Daneben rufen die Pflichten. Und da gilt es zu unterscheiden: Pflichten, die sich wirklich nur am Wochenende erledigen lassen, und Pflichten, die unter der Woche keinen Platz fanden und nun am Wochenende umso lauter rufen: der Möbelkauf und die Steuererklärung, das Fensterputzen und »längst fällige« Reparaturen. Wer ein Haus gekauft hat, muss den Garten anlegen oder den Speicher ausbauen.

Und dann gibt's noch die anderen, Menschen in unserer Umgebung, die auch am Wochenende entsprechende Erwartungen haben. Die (Schwieger-)Eltern fragen immer drängender nach den Enkelkindern, die Sportkameraden beginnen zu lästern, wenn man »wegen der Familie« absagt. Und selbst die eigenen Kinder, für die man sich am Wochenende besonders Zeit nehmen wollte, werden neben den Pflichten lästig. Sie toben durch die Wohnung oder verlangen Aufmerksamkeit.

Ein altes deutsches Sprichwort sagt: »Erst die Arbeit, dann das Vergnügen«. Als Single gelang es vielleicht noch, sich von diesem Leitspruch frei zu machen. Eltern schaffen das nur noch schwer. Zum einen sind sie die ganze Woche schon doppelt eingespannt – in Beruf und zu Hause. Zum anderen haben sich mit der Elternrolle alte Familienregeln aus der Herkunftsfamilie wieder eingeschlichen. Unbewusst übernehmen junge Eltern die »Machermentalität« der eigenen Eltern. Manchmal beschleicht sie das schlechte Gewissen, wenn sie aus der Arbeitsmühle ausbrechen wollen.

Geht es Ihnen so wie Oliver und Jana, dass Sie Woche für Woche den Verpflichtungen hinterherhecheln und erschöpft vor dem Fernseher enden? Oder gehen Sie das Wochenende aktiv an? Als Eltern-Team können Sie sich gegenseitig motivieren. Miteinander sind Sie in der Lage, Ihre Wochenenden so zu gestalten, dass jeder auf seine Kosten kommt: jeder von Ihnen beiden, Sie als Paar und als Familie.

Die Kindergartenjahre sind in vieler Hinsicht die interessantesten Familienjahre. Die Kinder sind nun richtig mobil und können schon längere Strecken gehen oder radeln. Sie sind neugierig auf alles, was in der Natur kreucht und fleucht. Sie wollen wissen, wie die Dinge funktionieren, sie mögen sich unterhalten und stellen unzählige Fragen. Gleichzeitig verbringen Vorschulkinder ihre Freizeit noch zu Hause. In ein paar Jahren schon werden Sport- und Musikvereine, Freunde und Schulveranstaltungen die Wochenenden mitgestalten.

In den Kindergartenjahren sammeln Sie Ihren größten »Familien-Erlebnisschatz«. Unsere zwei Kernaufgaben als Eltern – die Kinder einerseits beschützen und ihnen andererseits die Welt zeigen – können Sie in diesen Jahren mit all Ihren Fähigkeiten nach Herzenslust ausleben. Dazu ein paar Anregungen:

Eltern-Teamwork

Ein Blick in die Zukunft

Stellen Sie sich vor, Sie könnten sich in die Zukunft beamen. Sie sitzen als altes Ehepaar auf einer Parkbank und erinnern sich 50 Jahre zurück an die Jahre, als Ihre Kinder im Kindergartenalter waren. Was glauben Sie:
An welche Erlebnisse werden Sie sich nach einem halben Jahrhundert erinnern?
Was liegt dann in Ihrem »Familien-Erlebnisschatz«?

Nehmen Sie sich Zeit, um mit Ihrem Partner / Ihrer Partnerin an einem Abend dieser Fantasie nachzugehen. Fällt Ihnen zuerst ein Erlebnis ein, bei denen Sie alle gemeinsam etwas unternehmen? Oder taucht als Erstes ein Bild auf, in dem Sie ganz allein sind? Oder erinnern Sie sich an ein Highlight, das Sie beide zusammen erlebt haben? Möglicherweise schickt Ihnen Ihr Unbewusstes als Erstes ein Bild, wonach Sie sich am meisten sehnen, es zu wiederholen.

Interessant ist ja, dass wir uns als Familie umso mehr genießen können, je besser es beiden Eltern gelingt, für sich selbst und für die Partnerschaft zu sorgen. Im Beispiel zu Beginn des Kapitels lässt Oliver so schnell die Bemerkung mit dem Fußballspielen fallen, weil er spürt, dass er was erlebt hat, was Jana sich nicht gegönnt hat. Doch statt sein Fußballspiel in Frage zu stellen, wäre es hilfreicher zu überlegen, wie Jana am kommenden Wochenende auch eine Auszeit für sich erhält.

Hier ein paar Anregungen, wie Sie Ihre Wochenendwünsche in die Realität umsetzen können:

- Beginnen Sie bereits in der Wochenmitte, über Ihr Wochenende zu reden. Genauso, wie Sie sich Tage zuvor schon ins Wochenende träumen, tauschen Sie sich frühzeitig über Ihre Wünsche und angedachten Verpflichtungen aus.
- Anstatt mit Pflichten zu beginnen, probieren Sie mal die umgedrehte Reihenfolge Ihrer gewohnten Aktivitäten aus. Planen Sie Ihr Wochenende einmal so:
Zunächst überlegt jeder für sich etwas, das er oder sie allein machen möchte. Haben Sie eine Erholung für sich allein gefunden, dann nehmen Sie sich eine Zeit für Sie beide als Paar heraus. Als Drittes überlegen Sie sich eine Familienaktion, die Sie den Kindern am Freitag auch mitteilen können. Mit größeren Kindern werden Sie die Familienaktion auch gemeinsam planen. Zuletzt gruppieren Sie alle anderen Verpflichtungen um diese Zeiten drum herum. Wetten, dass Sie die anstehenden Arbeiten viel effizienter erledigen?

Eltern-Teamwork

Wochenendpläne

Stellen Sie sich vor, Sie sitzen am kommenden Sonntagabend zufrieden beieinander und sagen: »Wow, das war ein tolles Wochenende!« Was hätten Sie an diesem Wochenende erlebt – Sie allein, Sie beide als Paar und Sie als Familie?
Malen Sie sich diese Vision so bilderreich wie möglich aus!

- Die Kindergartenzeit ist die »hohe Zeit« der Großeltern. In diesen Jahren lieben die Kinder Oma und Opa: Sie sind groß genug, um auch mal allein bei ihnen zu übernachten. Und die meisten Großeltern genießen das Spiel mit den Enkeln. Sofern sie noch rüstig sind, bieten sie Übernachtungsplätze an. Da werden Sie als mittlere Generation durchaus entbehrlich – nutzen Sie die Großeltern-Enkel-Liebe für Ihr eigenes Liebesleben oder für Einzelunternehmungen.
- Vollzeit berufstätige Väter beklagen häufig, dass sie vor vollendete Tatsachen gestellt werden, wenn die Frau schon seit Wochenmitte Termine vereinbart hat. Frauen ärgert eher, wenn Vereine und Schwiegereltern den Mann in Beschlag nehmen. Wenn Anfragen von Verwandten oder Freunden kommen, hilft der Satz: »Das möchte ich erst mit meinem Mann / meiner Frau besprechen. Wir planen gerade noch das Wochenende.« Keine Scheu, das wird akzeptiert, wenn die anderen merken, dass Ihnen das Wochenende als Familie wichtig ist. Sie sagen ja nicht: »Ich muss erst meinen Mann / meine Frau um Erlaubnis fragen.« Das klingt wie Sklavin oder Schulbub. Nein, Sie handeln als Eltern-Team!

- Heute werden immer mehr Kinder-Events angeboten – vom Familien-Erlebnispark bis zum Kinder-Bürgerfest. Die vielen Eindrücke sind anstrengend, die Aufmerksamkeit richtet sich nach außen, weg von Ihnen. Fragen Sie mal Eltern größerer Kinder, an welche Großveranstaltung deren Kinder sich noch erinnern können. Sie können sich getrost manch teure Veranstaltung sparen! Für Ihre Kinder ist der Kontakt mit Ihnen, das wirklich *gemeinsame* Spielen wichtiger als das Mega-Angebot. Miteinander im Sand buddeln und den Erfolg genießen, wenn der gemeinsam gebaute Turm stehen bleibt, das schweißt Sie mehr zusammen.

- Was ist die Steigerung von Wochenende? Urlaub natürlich! Alle genannten Anregungen können Sie auf »die schönste Zeit des Jahres« übertragen. Beispielsweise: Haben Sie schon mal überlegt, einen dreiwöchigen Familienurlaub aufzuteilen – in zwei Wochen Familienurlaub plus drei verlängerte Wochenenden: eines für jeden von Ihnen beiden und ein drittes für Sie beide als Paar?

»Ich will nicht in den Kindergarten!«

Wie die Ablösung aus dem Elternhaus gelingt

In der ersten Kindergartenwoche war alles gut gegangen. Aber jetzt geht Laura (3) nicht mehr vergnügt und neugierig hin. Als ihre Mutter sie morgens verabschieden will, beginnt Laura zu weinen und klammert sich an ihr fest. Ihre Mutter bekommt Mitleid und wird unsicher. Ist der Kindergarten doch noch zu früh? Am nächsten Morgen hat Laura Schnupfen. Die Mutter kämpft mit sich – schließlich darf Laura zu Hause bleiben.

Nach den ersten Kindergartentagen erkennen Kinder wie Laura, dass der Kindergarten kein einmaliger Schnupperkurs ist, sondern jetzt immer wieder kommt. Selbst Kinder, die wochenlang stolz verkündeten, dass sie nun auch ein Kindergartenkind sind, erleben einen Einbruch – mit soooo vielen Eindrücken und soooo langen Zeiten haben sie nicht gerechnet.

Falls Kinder nicht schon in der Kinderkrippe oder bei einer Tagesmutter waren, ist der Kindergarten für sie die erste richtige Ablösung vom Elternhaus. Erstmals betritt das Kind für mehrere Stunden eine eigene Welt und lernt dort, regelmäßig ohne die Eltern zu leben. Es steht nicht mehr im Mittelpunkt, sondern muss sich in einer Gruppe Gleichaltriger – oder etwas Älterer –

erst zurechtfinden. Ab jetzt lernt es Mitspielen, Mitreden im Stuhlkreis, das Kind hört und erlebt neue Regeln und gerät in Konflikte, die es auszuhalten oder zu lösen hat. Einmal wird es sich durchsetzen und ein anderes Mal nachgeben müssen.

Nicht nur das Kind erlebt mit dem Neubeginn im Kindergarten einen Abschied von der Kleinkindzeit, auch die Eltern müssen Abschied nehmen. Daher machen sich Eltern viele Gedanken, wann der richtige Zeitpunkt für diesen Entwicklungsschritt ist. Berufstätige und erst recht Alleinerziehende werden die folgenden Überlegungen vielleicht als »Luxussorgen« beiseite schieben müssen. Denn sie können gar nicht anders: Je früher, länger und besser das eigene Kind betreut ist, umso mehr Spielraum haben sie zur Existenzsicherung und für das eigene berufliche Fortkommen. Alleinerziehende können bestenfalls entscheiden, ob das Kind zu krank für den Kindergarten ist. Auch Berufstätige wissen: Der Arbeitsplatz hat Vorrang vor den Bedürfnissen eines zögerlichen Kindes.

Wenn Eltern nicht durch äußere Umstände dazu gezwungen sind, das eigene Kind möglichst früh in »fremde Hände« zu geben, haben sie vielleicht bei der Entscheidungsfrage für oder gegen Kindergarten ein Dilemma gespürt. Einer könnte ja zu Hause bleiben, weil der Partner das Geld verdient beziehungsweise weil sich beide die Erwerbszeiten teilen. Für manche Frau ist es auch entlastend, nicht arbeiten gehen zu müssen und sich ausschließlich den Kindern widmen zu dürfen.

Andererseits: Besonders in Westdeutschland beschäftigt nicht wenige Frauen die Frage »Bin ich eine Rabenmutter?«, wenn sie wieder berufstätig werden möchten, obwohl sie es unter finanziellen Gesichtspunkten vielleicht nicht müssten. Der Bekanntenkreis raunt oft noch: »Mensch, du hast es gut – du hast doch alles. Genieße doch das Kind noch eine Weile! Diese Zeit kommt nie wieder!«

Wenn dann noch das Kind im Kindergarten weint, sind Schuldgefühle fast vorprogrammiert. Mit wem kann man dann noch reden? Hat wenigstens der Partner ein offenes Ohr dafür? Ist er viel weg oder überarbeitet, hat er für ein weinendes Kind beim Abschied zum Kindergarten womöglich wenig Verständnis: »Deine Sorgen möchte ich haben!«, mag er sagen. Dass einer Mutter nach mehreren Jahren mit den Kindern zu Hause die Decke auf den Kopf fällt – das können immer noch viele nur schwer verstehen.

Ob ein Kind mit einem, zwei, drei oder vier Jahren eine Kindereinrichtung besucht – immer werden sowohl die Eltern wie ihr Kind einen Trennungsschmerz spüren. Für beide Seiten bedeutet es ein Loslassen. Ganz besonders schwer fällt Eltern dieses Abschiednehmen, wenn sie viele Jahre auf das eine Kind gewartet haben, womöglich nach Fehlgeburten oder auch mit künstlicher Befruchtung ihr Kind bekommen haben. Zu wissen, dass mit diesem Schritt in den Kindergarten die Babyzeit endgültig vorbei ist, lässt diese Eltern zögerlich handeln.

All diese Gefühle spürt das Kind: sowohl Ängste wie auch Stolz, Trauer und Freude. Empfinden die Eltern verschieden, macht diese unterschiedliche Einschätzung der Eltern dem Kind den Einstieg schwer. Wenn zum Beispiel die Mutter wieder arbeiten will, der Vater aber meint, dass das Kind noch das mütterliche Nest braucht, steckt das Kind in einer Zwickmühle. Oder umgekehrt: Der Vater wünscht dem Kind Umgang mit anderen Kindern, während die Mutter es noch schützen möchte; auch dann gerät das Kind zwischen die Stühle. Wenn es dagegen erfährt, dass beide Eltern ihm den Entwicklungsschritt zutrauen, hat das Kind Rückenwind und schafft den Weg.

Wenn Sie für einen Augenblick die gefühlsbeladene Haltung der *Maus* (beim Abschiedsschmerz) verlassen und sich in die planerische *Adler*perspektive begeben, können Sie überlegen:

Was hat jeden von Ihnen beiden dazu bewogen, Ihr Kind im Kindergarten anzumelden? Soll Ihr Kind früh und regelmäßig Kontakt zu anderen Kindern haben? Soll es mit einer bestimmten Pädagogik aufwachsen: Waldorf oder Montessori, in einer städtischen oder kirchlichen Einrichtung oder in einem Waldkindergarten, in dem der Nachwuchs viel draußen ist?

Welche Erfahrungen haben Sie selbst gesammelt? Sind Sie damals gern in den Kindergarten gegangen und wünschen Sie Ihrem Kind ähnliche Erlebnisse? Oder sehen Sie sich selbst weinend als kleines Kind, wenn Ihr Nachwuchs jetzt Anlaufschwierigkeiten hat?

Zur *Adler*-Haltung mit Überblick gehören auch folgende Entscheidungen: Wie viele Stunden soll Ihr Kind jetzt in den Kindergarten? Lassen sich die Stunden sukzessive steigern? Hier hilft ein Gespräch mit der Erzieherin.

Möglicherweise wäre eine Ganztagsgruppe mit Mittagessen und Mittagschlaf für Ihr Kind weniger anstrengend als eine verlängerte Vormittagsgruppe, aus der Ihr Kind erschöpft und hungrig heimkommt. Manche Einrichtungen lassen es zu, dass Eltern ihre Kinder anfangs bereits nach dem Mittagschlaf aus der Ganztagesgruppe abholen.

Solche Fragen beantworten Sie am besten gemeinsam. Ihrem – vielleicht zögerlichen – Partner fällt ein Gespräch leichter, wenn er merkt, dass seine Meinung gefragt ist und Sie nach einer konstruktiven Lösung suchen.

Aus der *Adler*perspektive haben Sie auch einen freieren Blick auf Ihr Kind: Dies sind erste Schritte in seine Selbstständigkeit – das erste richtige Eintauchen in die Gruppe der Gleichaltrigen. Die Kinder werden noch viel und oft morgens knurrig oder lustlos sein: regelmäßig früh aufstehen, um in die Schule zu gehen, später in Ausbildung und Beruf – mitunter schlechter ausgeschlafen oder vorbereitet, als uns lieb ist.

Zur schützenden und beschützenden *Bären*-Haltung gehört das Hinbringen am Morgen. In unserem Beispiel fällt der Mutter das Abgeben von Laura schwer. In vielen Familien ist das so. Schließlich ist die Mutter im Kontakt zum Kind durch Stillen, Füttern und Wiegen nahe dran. Tröstet sie ihr Kind, ist sie im Rückgriff auf Baby-Zeiten dem kleinen Kind besonders verbunden. Durch diese enge Bindung fällt ihr der Abschied eher schwer.

Der Vater hat von klein auf stärker das Entdecken neuer Lebensfelder gefördert – sei es mit In-die-Luft-Werfen, sei es mit dem Besichtigen einer dunklen Höhle. Ein Kind kann sich leichter vom Vater verabschieden, weil es ihm zeigen mag, wie groß es schon ist. Warum nicht den Kindergarten-Abschied zwischen Vater und Kind über die Bühne gehen lassen – wäre doch einen Versuch wert, oder?

In der Bären-Haltung lässt sich die Zeit im Kindergarten überprüfen: Wann genau kann es gebracht und wieder abgeholt werden? Wenn kurz nach Öffnung des Kindergartens am Morgen noch wenige Kinder da sind, kann ein Kind leichter Fuß fassen. Auch die Erzieherin hat noch mehr Zeit.

Das Kind braucht in der Eingewöhnungsphase Verlässlichkeit und Konsequenz: beim morgendlichen Losziehen in den Kindergarten wie beim Abholen. Die schlimmsten Minuten durchlebt ein Kind, wenn schon andere Kinder (Freunde!) abgeholt wurden und es selbst im Ungewissen wartet.

Haben beide Eltern entschieden, dass ihr Kind kindergartenreif ist, sollte in den folgenden Wochen ihr Kind regelmäßig den Kindergarten besuchen. Mal gehen, mal ausfallen lassen, womöglich mal wieder umdrehen – so zögert sich die Eingewöhnungsphase über Monate hinaus und es besteht die Gefahr, dass hier ein Testen bis hin zum Machtkampf entsteht.

Stattdessen können Sie in der Bären-Haltung Rituale entwickeln, die die Regelmäßigkeit unterstreichen: zum Beispiel vor dem Verlassen des Hauses kurz ein Buch ansehen und noch vom Kuscheltier verabschieden. Machen Sie, wenn es sich einrichten lässt, in der Stunde nach dem Abholen keine Einkäufe. Das Kind hat womöglich gerade 25 Kinder in der Gruppe erlebt und bereits genügend akustische wie optische Reize aufgenommen. Zur Reizvermeidung zählt auch: Fernsehen und Radio bleiben in der ersten Stunde nach dem Heimkommen erst einmal aus!

Auch mit der entdeckerischen *Luchs*-Seite können Eltern ihrem Kind den Einstieg in den Kindergarten erleichtern. Der Weg dahin lässt doch sicher Abwechslungen zu: Heute einmal den kleinen Umweg am Park entlang? Ist die Straßenbaustelle von gestern immer noch da? Was gibt es da in dem tiefen Loch zu sehen? Pfützen? Ein dickes Rohr? Einen Kabelschacht? Mal gibt's eine Brezel beim Bäcker unterwegs oder eine kleine Überraschung hinterher – ein Abstecher an der Eisdiele. Warum nicht mal den Rückweg auf einer sonnenbeschienenen Bank auskosten? Beim Ankommen zu Hause kennen Sie sicher noch einige Finger- und Kitzelspiele auf dem Sofa. Es braucht diesen Wechsel von Groß (ich schaff es schon in den Kindergarten) und Klein (hier darf ich mich wie als Baby geborgen fühlen).

Sie können mit Ihrem Kind den nächsten Kindergartentag schon am Abend vorher durchgehen und seine Fantasie anregen. Dazu fragen Sie Ihr Kind: Was hat dir heute im Kindergarten am meisten Spaß gemacht? Was magst du morgen spielen? Mit wem?

Und Sie als Eltern? Was genießen Sie jetzt mehr, wenn Ihr Kind in den Kindergarten geht? Springt vielleicht mal ein gemeinsames Frühstück zu zweit raus? Oder sind im Kindergarten interessante Eltern, mit denen Sie gern mal einen Ausflug am Wochenende unternehmen würden? Die Kindergartenjahre sind die Zeit, in der Sie die meisten Elternkontakte knüpfen können!

Noch einmal ein Blick zurück zu den intensiven Gefühlen, die Eltern wie Kinder beim Loslassen durchleben. In der *Maus*-Haltung können Sie aussprechen, was Sie bei Ihrem Kind wahrnehmen: »Ich sehe, du machst ein ganz trauriges Gesicht. Das ist auch nicht einfach, die Mama / den Papa jetzt loszulassen.« Vielleicht wird Ihr Kind daraufhin seine Gefühle selbst in Worte fassen. Sagen Sie offen, was Sie bewegt, zum Beispiel: »Mir fällt es auch nicht ganz leicht. Doch ich finde es gut, dass du in diesen Kindergarten gehst, und ich freu mich auf dich, wenn ich dich abhole!«

Gefühle verlieren ihre Starre und Schwere, wenn wir sie ansprechen. Ihr Kind fühlt sich verstanden und dieses Verständnis wird Ihr Kind auch in den Stunden, in denen es von Ihnen getrennt ist, begleiten. Auch beim Abholen können Sie Maus-Qualitäten ausspielen: Loben Sie Ihr Kind für die Anstrengung und stellen Sie eine Erholung in Aussicht: »Du hast viel erlebt im Kindergarten und ich habe viel gearbeitet – dann tut uns allen eine Pause gut!« Nach der großen, weiten Welt des Kindergartens mit vielen Reizen darf das Kind zu Hause wieder klein sein – das macht es insgesamt umso größer. Besonders vernünftigen Kindern tun gelegentliche Ausflüge in die Baby- und Kuschelwelt einfach gut!

Eltern-Teamwork

Kleiner Leitfaden für einen guten Kindergartenstart

So unterstützen Sie sich als Eltern-Team gegenseitig – auch wenn ein Partner weniger Zeit hat:

- Sie haben sich für den Kindergartenstart entschieden: Bestärken Sie sich gegenseitig in dieser Entscheidung. Je klarer Ihrer beider Position, desto leichter fällt es Ihrem Kind, diesen Entwicklungsschritt zu meistern.

- Wenn Sie mitbekommen, was im Kindergarten läuft, fühlen Sie sich sicherer. Wer von Ihnen seltener in den Kindergarten kommt, kann es sich erzählen lassen oder auf Elternabende gehen.
- Schlechtes Gewissen und Schuldgefühle angesichts eines weinenden Kindes beschleichen viele Eltern – holen Sie sich in diesem Falle Unterstützung bei »alten Hasen« im Kindergarten.
- Abschiedstränen wiegen weniger schwer, wenn sie auf mehrere Schultern verteilt sind: Wechseln Sie sich mit dem Bringen ab. Noch einfacher geht's, wenn Papa bringt und Mama abholt.
- Halten Sie an vereinbarten Kindergartenzeiten fest und lassen Sie sich nicht morgens von einem unwilligen Kind aus der Ruhe bringen – keine Rückschritte, wenn sie nicht genau überlegt und eventuell mit der Erzieherin besprochen sind!
- Sprechen Sie die Abholzeit klar ab (zum Beispiel: »Nach dem Mittagschlaf«) und halten Sie die Abholzeit genau ein.
- Wenn Sie sich verspäten, rufen Sie rechtzeitig im Kindergarten, den Partner oder andere Eltern an. Dazu hilft eine Telefonliste, die griffbereit im Geldbeutel oder Terminkalender liegt.

»Trödel nicht so rum!«

Vom richtigen Umgang mit Zeitdruck und Zeitgefühl

Jeden Morgen das Gleiche: Papa Heiner muss früh los und bringt bei der Gelegenheit den Sohnemann in den Kindergarten. Doch der lässt sich Zeit, spielt noch ein bisschen in seinem Zimmer, tut sich schwer mit den Schuhen – Papa wird immer genervter, weil sein Termin nicht wartet. Ein schöner Start, mehrmals in der Woche!

Hieß es früher: »Benimm dich!«, so heißt es heute: »Beeil dich!«
Bei Eltern und Kindern stoßen völlig unterschiedliche Zeit-Welten aufeinander. Kinder entwickeln erst langsam ein Zeitgefühl, während wir Erwachsenen in einem Zeitkorsett stecken. Inwieweit das fremdbestimmt oder selbstverschuldet ist, lässt sich hinterfragen. Tatsache ist: Die Zeiten, in denen Tageshelligkeit und Jahreszeiten den Arbeitstakt vorgeben, sind längst vorbei. Die Industrialisierung brachte den Arbeitstakt und die Stechuhr, die Gewerkschaften die 35-Stunden-Woche, und seit Einführung der Regelarbeitszeit werden Überstunden registriert. In jedem Zimmer hängt eine Uhr, und es gilt als schick, eine funkgesteuerte Uhr zu besitzen, die auf die Sekunde genau geht. In der Frühe weisen die Morgensendungen im Radio alle paar Minuten auf die Zeit hin, weil sie zu Recht davon ausgehen, dass die Hörer das um diese Uhrzeit genau wis-

sen wollen. Auch wenn Kindern manche Familienhektik vertraut ist: Im Alter von drei Jahren sind das für sie völlig fremde Welten!

Es dauert bis zum achten Lebensjahr, bis Kinder eine Art Zeitgefühl entwickeln. Vorher gibt es wenige zeitliche Orientierungspunkte. Kinder können in diesem Alter vielleicht zwischen »Jetzt bin ich müde« und »Jetzt bin ich fit« unterscheiden, mehr aber nicht. Auf diese Bedürfnisse sollten wir, so gut es geht, eingehen. Eltern können dabei ohne Zeitbegriffe arbeiten und die Zeit stattdessen an Handlungen festmachen: »Wenn Papa vom Frühstück aufsteht, ziehst du dich auch an!« Wenn es gelingt, unseren Kindern ein Gespür für eigene Zeiten, eigene Bedürfnisse mitzugeben, werden sie ein Leben lang davon profitieren. In der Schule werden sie funktionieren müssen – Aufpassen im 45-Minuten-Takt und Pausen bestimmt der Schulgong. Egal, ob der kindliche innere Rhythmus gerade eine Hoch- oder Tiefphase durchmacht.

Natürlich bestimmt ein Kind auch den Tagesablauf von Erwachsenen: Wenn ein Baby schreit, reagieren Eltern – ohne auf die Uhr zu schauen. Wenn ein Kleinkind sich wehtut und weint, vergessen sie die Zeit und trösten es. Das sind unmittelbare, körperliche Ur-Bedürfnisse. Daneben haben Erwachsene aber Uhr-Bedürfnisse: zeitliche Dinge, die sich nach der Uhr richten. Es sind Termine und Planungen von den »Großen«, die den Tag bestimmen – und von einem kranken Kind womöglich über den Haufen geworfen werden. Zunächst sind es also zeitliche Bedürfnisse, die Erwachsene auf das Kind übertragen. Diese Uhr-Bedürfnisse sind aber oft auch nicht unsere eigenen Ur-Bedürfnisse. Mancher Erwachsener tut sich selbst nach wie vor mit dieser überall geforderten Pünktlichkeit schwer. Umgekehrt gibt ein verträumtes Kind Erwachsenen die Chance, die Welt nicht in Minuten zu zwängen.

Mit der Kindergartenzeit tritt erstmals eine Zeitstruktur auf, die das Kind selbst betrifft. Sie ist noch nicht so strikt wie später in der Schule. Die meisten Kindergärten haben eine Zeitspanne von gut einer Stunde, was das Hinbringen und Abholen betrifft. Hier beginnt eine Vorbereitung auf ein Leben, das zunehmend von der Uhr und von Arbeitstakten geprägt sein wird – mitunter minutengenau, wenn es um die Abfahrt von Bussen oder Bahnen geht.

Es bleibt zunächst in der Elternverantwortung, Kindern ein Gefühl für Zeit zu vermitteln. Wem schon schwer fällt, seine eigenen beruflichen Termine auf die Reihe zu bekommen, der erlebt gleich doppelten Stress, wenn er jetzt auch noch sein Kind zur Pünktlichkeit erziehen soll. Sieht er sein Kind ins Spiel vertieft, läuft ein eigener Kindheitsfilm ab. Wie war das damals schön, Zeit einfach laufen zu lassen! Und wie blöde, wenn die Mama zur Eile mahnte! Dann kämpfen zwei Seelen in der Brust des Vaters oder der Mutter.

Sind nun beide Eltern von Haus aus »Trödler«, haben sie volles Verständnis für ihr Kind und gönnen ihm die Muße. In den 80er-Jahren galt es in weiten Kreisen geradezu als schick, unpünktlich zu sein. Wer sich gegen jeden Zeitplan wehrte, zeigte damit, dass er locker, spontan und eben unangepasst war.

Der Stress folgt damals wie heute trotzdem. Dann nämlich, wenn die Desorganisation von Eltern auf die Anforderungen der äußeren Welt trifft und so in letzter Minute Hektik ausbricht – beim Aufstehen wie beim Weggehen. Die Kindergartenzeit verlangt ein regelmäßiges, frühes Aufstehen. Wenn ein Kind morgens unausgeschlafen herumsteht, hat es vielleicht nicht genug Schlaf gehabt. Kinder im Alter von drei Jahren brauchen etwa elf Stunden Schlaf. Das heißt zurückgerechnet: wer um 7 Uhr geweckt wird, sollte am Abend vorher um 20 Uhr im Bett liegen! Ein Kind ist überfordert, wenn es darauf achten soll. Dafür haben Eltern zu sorgen – von Sonntag- bis Donnerstagabend.

Wer zu spät den Kindergarten erreicht, erlebt, dass die Tür schon geschlossen ist. Das Kind kommt zu spät in die Gruppe.

Ist das Kind selbst daran schuld, darf es ruhig die Folgen spüren: Der Lieblingsplatz ist vielleicht schon besetzt und der Freund / die Freundin spielt bereits mit jemand anderem. Sind die Eltern am (regelmäßigen) Zu-spät-Kommen beteiligt, ist es unfair, das Kind die Blicke der anderen ausbaden zu lassen. Manchen Kindern ist Zu-spät-Kommen derart peinlich, dass sie sich gerne von selbst beeilen.

Auch beim Abholen ist wieder Zeitgefühl gefragt. Kinder wollen wie Geschäftspartner ernst genommen werden: Wenn Eltern ihr Kind nicht warten lassen, sagen sie ihm dadurch: »Ich nehme mir für dich frei, du bist mir wichtig.« Wenn ein Kind das erfährt, ist es auch in der Pubertät bereit, sich für die Eltern zum Beispiel für Familienaktionen oder Mitarbeit Zeit zu nehmen. An dieser Stelle geschieht langfristige Beziehungsplanung!

Einigen Eltern bedeutet Pünktlichkeit sehr viel. Sie leben quasi mit einer inneren Uhr, denn sie haben von der Pike auf gelernt, pünktlich zu sein. Vielleicht mussten sie sich als Kinder schon früh um sich selbst kümmern oder waren sogar für jüngere Geschwister verantwortlich, damit auch sie rechtzeitig den Schulbus erreichten. Solche Eltern geben ihre Zeitstruktur gerne an ihr Kind weiter – und ihr Kind hat zunächst bessere Chancen für einen guten morgendlichen Start im Kindergarten. Allerdings: Wer Zeitraster verinnerlicht hat, reagiert schneller nervös, wenn das eigene Kind »ewig« braucht, bis es sich am Abend aus- und am Morgen angezogen hat.

Solche Eltern vermuten leicht, dass sich dieses langsame Tun gegen sie richtet: »Der macht das doch mit Absicht!« Mit dieser Einstellung laden Eltern allerdings ihre Kinder geradezu zum Machtkampf ein. Hilfreicher ist es, zunächst einmal zu sehen, dass ein Kind das Zeitgefühl für seinen Lebensrhythmus erst entwickeln muss. Das tut es auf verschiedene Art und Weise: Wenn es trotzig auf unsere Erwartungen reagiert, will es sich vielleicht abgrenzen von den Zumutungen der Erwachsenenwelt. Dabei lernt es, eine eigene Persönlichkeit zu entwickeln.

Vielleicht ist das Kind nur in sein Spiel vertieft. Vielleicht will es noch ein Spiel fertig spielen. Kinder zwischen drei und sechs Jahren können noch nicht abschätzen, wie lange das dauern kann – schon gar nicht in Minuten. Oder ein Kind will sich bloß von seinen Kuscheltieren verabschieden. Wissen wir denn, was es gerade macht, wenn wir rufen: »Nun komm schon!«?

Uns Erwachsenen würde es kaum gefallen, wenn wir auf Kommando eines anderen alles fallen lassen und gehorchen müssten. Auch ein Vierjähriger möchte etwas, was er begonnen hat, zu einem sinnvollen Ende bringen. Planen wir genügend Zeitpuffer ein, dann bleibt Zeit, auf das Kind einzugehen, statt dass wir gleich einen Kommandoton anschlagen. Das heißt: Hinunter auf Augenhöhe des Kindes und kurz Eindrücke sammeln: Was macht es gerade? Was ist in seiner Situation jetzt reizvoll? Lohnt es sich, auf sein Spiel kurz einzugehen? Freut es sich, wenn es die Reihenfolge der Kuscheltiere auf der Bettdecke erklären darf? Solche Minuten in der Welt des Kindes öffnen uns die Augen für dessen Sicht der Welt. Als »Belohnung« kommt es bereitwilliger mit. Es nimmt den Elternwunsch viel leichter an, wenn es sich verstanden fühlt. Dafür braucht es allerdings Vorgaben und klare Übersichten. »In fünf Minuten gehen wir« hilft einem Vorschulkind nicht wirklich. Für die Vorstellung des Kindes übersichtlicher ist der Satz: »Verabschiede dich noch von deinen Tieren, ich packe meine Tasche, und dann gehen wir!«

Nun ticken aber die wenigsten Paare gleich, viel häufiger haben Eltern unterschiedliche Zeitvorstellungen. Wenn beispielsweise ein pünktlicher Mann mit einer »zeitlosen« Frau zusammenlebt, wird bei den beiden sicherlich der Mann die Uhr in die Hand genommen haben. Ist einer eher gelassen und der andere beflissen, bringt es der Alltag mit sich, dass der Fleißigere früher oder später die Uhr-Bedürfnisse ganz übernimmt. Nicht selten wird das Zeitthema ein Dauerbrenner, an dem sich zwei unterschiedliche Eltern aufreiben können. Dann sitzt wieder das Kind zwischen den Stühlen und fragt sich, wessen Lebenseinstellung es übernehmen soll. In diesem Zwiespalt sagt es zum pünktlichen Vater: »Ich beeil mich ja so arg!« – zugleich lässt sich das Kind alle Zeit der Welt und handelt, wie die gelassene Mutter es tun würde. Das Kind versucht es beiden recht zu machen, um sie zusammenzuhalten. Es gibt unbewusst den Eltern eine sie verbindende Liebeserklärung und möchte die Botschaft empfangen: »Ich will von euch beiden geliebt werden.«

Eltern nehmen die Liebeserklärung an und entlasten ihr Kind, wenn sie entweder einen Kompromiss finden – das wäre ein echtes »Miteinander«.[19] Oder sie teilen die Zuständigkeiten so auf, dass mal der eine, mal der andere für die Uhr-Bedürfnisse die Verantwortung trägt – das käme einem »bewussten Nebeneinander«[20] gleich.

Eltern haben es in der Hand, dem Tag so viel Struktur und so viel Freiraum zu geben, dass alle damit zurechtkommen.

Eltern-Teamwork

U(h)r-Bedürfnisse

Beobachten Sie den nächsten Tag:

- Wann entsteht in Ihrer Familie Zeitdruck?
- Welche dieser Situationen sind von außen vorgegeben und welche haben Sie selbst in der Hand?

Fragen Sie Ihren Partner:

- Wann steht er unter Zeitdruck?

Sammeln Sie mit Ihrem Partner Ideen, wie sich solche Engpässe vermeiden lassen.

Welche Dinge soll Ihr Kind selbst machen? Planen Sie dafür mindestens doppelt so viel Zeit ein, wie Sie für diese Tätigkeit benötigen.

»Ich bin aber noch nicht müde!«

Von Abendritualen und Nachtgespenstern

»Klaus, bringst du den Sebastian heute ins Bett?«, ruft Mutter Karin aus der Küche. Vater Klaus sitzt im Wohnzimmer über der Zeitung und der vierjährige Sebastian spielt vergnügt neben ihm mit seiner Ritterburg. Als keine Reaktion kommt, wird Karin ungeduldig. »Klaus, Sebastian muss doch morgen in den Kindergarten!«, setzt sie mit ärgerlicher Stimme nach. »Ja, weiß ich doch!«, brummt Klaus und wendet sich an seinen Sohn: »Sebastian, geh ins Bad und zieh dich um!« Sebastian spielt seelenruhig weiter. »Sebastian!«, wiederholt Klaus und blickt kurz von der Zeitung auf. Immer noch keine Reaktion. »Sebastian!« Vaters Stimme wird lauter. Noch einmal: »Sebastian!!« Sebastian schaut auf. »Ich bin aber noch nicht müde!«, hält er dagegen. »Ich hab's dir jetzt dreimal gesagt. Ab, ins Bad!«, schimpft Klaus mit lauter Stimme. Sebastian rennt zu Mama in die Küche. »Mama, du sollst mich ins Bett bringen. Der Papa brüllt immer gleich.«

Solch allabendliches Theater mit dem Zu-Bett-Bringen kennen viele Eltern. Die Kinder wollen noch nicht ins Bett und keiner der Eltern hat so rechte Lust, sich um das Zu-Bett-Bringen zu kümmern. In solchen Momenten erwischt uns der Elternjob eiskalt. Beide Eltern sind geschafft vom Tag. Jeder hätte gerne den Arbeitstag beendet. Stattdessen endet der Familientag mit Stress, der sich womöglich noch hochschaukelt:

> Karin wird richtig wütend auf Klaus. »Wieso musst du gleich so losbrüllen?« – »*Du* hast ihn ja zum Muttersöhnchen gemacht! Bitte, dann bring ihn doch gleich selbst ins Bett«, kontert Klaus. Während die Eltern streiten, verzieht sich Sebastian in sein Spielhaus im Kinderzimmer. Richtig Spaß macht das Spielen hier zwar nicht mehr, aber immerhin, er muss noch nicht ins Bett. Jetzt sind die Eltern erst einmal mit sich selbst beschäftigt.

Eher unabsichtlich hat Sebastian einen Sieg errungen und seine Eltern ausgespielt. Oder doch nicht ganz unabsichtlich? Kennt er das zögerliche Handeln seiner Eltern schon so gut, dass er weiß, wie er Schlupflöcher findet? In solchen Momenten haben Eltern durchaus den Eindruck, ihr Kind spiele sie gegeneinander aus.

Ob beim Aufbleibenwollen, Fernsehen, Naschen – bei all den Dingen, die Kindern Spaß machen, testen sie, was sie bei den Eltern erreichen können. Dabei werden sie von Mal zu Mal raffinierter. Sie wissen mit der Zeit genau, bei wem mehr rausspringt. Kinder leben bedürfnisorientiert, sie sind noch auf Lust und noch nicht auf Pflicht gepolt. Wenn wir ganz ehrlich sind, beneiden wir Erwachsenen sie nicht darum?

Aber so richtigen Spaß haben Kinder eben nicht mehr, weil sie merken, dass sie bei ihrem Testen einen oder beide Elternteile verunsichern. Wenn die Eltern ins Trudeln geraten und dann womöglich noch aufeinander losgehen, fügen die Kinder sich selbst damit letztlich Wunden zu.

Gerade beim Zu-Bett-Bringen braucht ein Kind besonders sicheren Halt. Denn ein Abschied für mehrere Stunden steht an: Es soll jetzt allein im eigenen Bett einschlafen und dort die Nacht bis zum Morgen verbringen. Draußen ist es oft schon dunkel. Im abgedunkelten Zimmer kann das Kind nur Umrisse erkennen, Gegenstände werfen Schatten an die Wände. Die

Wohnung ist stiller als tagsüber. Dadurch treten andere Geräusche in den Vordergrund, denen es vom Bett aus nicht mehr nachgehen kann. Das alles kann einem Kind Angst machen. Solche Nachtängste kennen auch Erwachsene. Stellen Sie sich vor, Sie übernachten in einem unbekannten Hotel oder gar draußen im Wald!

Im Kindergartenalter fallen diese Ängste auf besonders fruchtbaren Boden. Zwischen dem vierten und achten Lebensjahr durchläuft ein Kind die »magische Phase«. Während dieser Entwicklungsphase glaubt es besonders an Gespenster, Feen, Monster und Schutzengel. Diese Gestalten begleiten ein Kind in Tagesfantasien, beim Einschlafen oder auch in Alpträumen. Geht nun ein Kind mit »schlechten« Gefühlen ins Bett, weil es mit den Eltern gezankt hat oder die Eltern Streit hatten, haben Angstgespenster leichtes Spiel. Kinder können dann nicht einschlafen oder wachen wieder auf. Im Halbschlaf oder in Träumen verarbeiten sie den Streit, die schimpfenden Eltern werden zu Monstern oder streitende Eltern kämpfen als Dinosaurier gegeneinander. Wiederholen sich solche angespannten Situationen, schleift sich schnell ein Teufelskreis ein.

Womöglich steht das Kind noch mehrere Male auf oder will gar ins Elternbett, was die Spannungen zwischen den Eltern noch steigert.

Schauen wir aus der Adlerperspektive auf die Kleinfamilie mit Klaus, Karin und Sebastian. Was ist genau passiert?

Karin hatte als Mutter gleich mehrere Ziele: Erstens sollte Sebastian pünktlich ins Bett, zweitens wünschte sie sich Unterstützung von ihrem Mann und drittens sehnte sie sich wohl nach einem baldigen Ende ihres Arbeitstags.

Klaus wollte zunächst nur in Ruhe Zeitung lesen. Ob er derselben Ansicht ist, wann sein Sohn ins Bett soll, wissen wir nicht. Die Verantwortung für Zeitregeln hat hier wohl seine Frau übernommen. Sebastian genoss das Spiel zu Füßen seines Vaters. Auch für Klaus war es wahrscheinlich angenehm, dass sein Sohn neben ihm spielte. Unausgesprochen sind sich Vater und Sohn im Moment einig – zunächst besteht also eine harmonische Vater-Sohn-Allianz. Sie wird durch die drängelnde Mutter äußerlich gestört. Innerlich schweißt die Aufforderung beide zusammen, da beide überhaupt nicht reagieren. Der erneute Ruf aus der Küche bringt den Vater aber in eine prekäre Lage. Reagiert er nicht, stellt er sich gegen seine Frau und verbündet sich nun offen mit seinem Sohn. Gibt er den Appell weiter und macht er es seiner Frau recht, ist die Vater-Sohn-Allianz in Gefahr. Der Druck in ihm steigt: Zeitung lesen kann er nicht, sich der Frau widersetzen soll er nicht, den Sohn stören will er nicht. Kein Wunder, dass ihm der Kragen platzt. Sebastian bekommt den Ärger ab und flüchtet. Sein Rettungsanker ist die Mutter – für ihn inzwischen das kleinere Übel.

Der schnelle Wechsel zwischen den Allianzen Vater – Sohn zu Mutter – Sohn bringt die Eltern auf die Idee, das Kind spiele sie gegenseitig aus. In manchen Familien entwickelt sich im Laufe der Jahre eine trügerische Einigkeit in der Auffassung, das Kind sei mit seinem Verhalten an den Spannungen zwischen den Eltern schuld.

Genau betrachtet macht das Kind nur eines sichtbar: die unterschiedlichen Ziele, Werte und Regeln, die beide Eltern in der Erziehung verfolgen. Das Kind reagiert wie ein Seismograf auf unterschiedliche Erziehungskompasse – die Nadel schlenkert mal zum einen, mal zum anderen Pol. Wie sollen Kinder sich »einnorden«, wenn es zwei verschiedene Nordpole gibt?

Wie hätte der Tag besser enden können?

Karin war wohl schon seit Stunden in sorgender Bären-Haltung unterwegs und wollte diesen Job an ihren Mann abtreten. Ein paar Schritte trennten sie nur vom Erfolg: die Schritte zu ihrem Zeitung lesenden Mann auf dem Sofa.

Die Erfolgsformel heißt grundsätzlich: Hingehen und mit direktem Augenkontakt Absprachen treffen. Dann hätte sie klar gewusst, ob Klaus ihren Wunsch bejaht oder ablehnt. So wäre ihr Mann nicht in die ungute Handlangerposition geraten. Bis die beiden sich einigen, hätte ihr Sohn noch spielen können. Gelungenes Eltern-Teamwork gibt letztlich den Kindern mehr Spielräume.

In unserem Beispiel hatte Karin früher das Bedürfnis nach Veränderung. Genauso denkbar wäre es, dass Klaus die Initiative ergreift: »Ich lese noch fertig, dann bringe ich Sebastian ins Bett.« Ideal wäre es, wenn er auf Karin zugeht und zunächst mit ihr abspricht: »Soll ich heute Sebastian ins Bett bringen oder magst du?«

Erst wenn die Eltern geklärt haben, wer sich um was kümmert, können Vater oder Mutter den Sohn harmonisch und sicher ins Bett bringen. Kinder spüren sofort, wenn die Sorge beider Eltern in dieselbe Richtung geht: »Wenn Mama und Papa wirklich wollen, dass ich genügend Schlaf bekomme, fällt mir das Aufhören mit dem Spielen zwar immer noch schwer, aber ich spüre, dass sie damit sicher für mich sorgen.« Die innere Haltung der Eltern motiviert das Kind.

Mit dem Rückenwind des Partners kann das Zu-Bett-Bringen eine »bärig«-schöne Sache werden. Was uns als Eltern-Team geholfen hat, hilft auch jetzt beim Kind: Zu ihm hingehen und Blickkontakt aufnehmen. Ist das Kind richtig ins Spiel vertieft, hilft direkter Körperkontakt weiter: die Hand auf den Arm oder auf den Rücken des Kindes legen. Erst wenn das Kind vom Spiel aufblickt, nimmt es die Aufforderung wirklich wahr: »Sebastian, geh jetzt ins Bad und zieh den Schlafanzug an. Ich komme zum Zähneputzen und danach lese ich dir im Bett eine Geschichte vor.«

Eltern ziehen großen Nutzen daraus, wenn sie das Abendritual miteinander planen und sich dabei gegenseitig Rückendeckung geben. Klare Absprachen beruhigen nicht nur die kurze Zu-Bett-bring-Szene, sondern sorgen für mehrere entspannte Abendstunden und eine ruhige Nacht.

Eltern-Teamwork

Für eine ruhige Nacht

Überlegen Sie zunächst einmal *jeder für sich*: Wie würden Sie Ihr Kind am liebsten ins Bett bringen, wenn Sie allein verantwortlich sind?

Wählen Sie einen ruhigen Moment, in dem Sie sich *gegenseitig* Ihre Vorstellungen erzählen.

Wer soll die Kinder ins Bett bringen?

- Nur der Vater oder nur die Mutter?
- Beide Eltern im täglichen Wechsel?
- Ist ein Wechsel zwischen Wochentagen und Wochenende denkbar? (Zum Beispiel, wenn ein Elternteil während der Woche spät von der Arbeit heimkommt)
- Bietet sich ein wochenweiser Wechsel an? (Zum Beispiel bei Schicht arbeitenden Eltern)

Wenn Sie selbst das Kind ins Bett bringen: Wie soll Ihr Partner / Ihre Partnerin sich verhalten? Wodurch fühlen Sie sich unterstützt?

Erzählen Sie einander, was Ihnen bereits geholfen hat, dass Ihr Kind ruhig einschlafen konnte.

Hat Ihr Kind immer noch Angst vor dem Einschlafen, können Sie gemeinsam mit dem Kind überlegen, was oder auch wer ihm helfen kann, allein in seinem Bett zu schlafen. Eine praktische Lösung kann ein Nachtlicht im Flur sein. Wer gerne liest oder vorliest: Viele Kinderbücher greifen den abendlichen Abschied auf.[21] Sie bieten Kindern Lösungen an, wie sie leichter einschlafen können. Hat ein Kind Angst vor Nachtgespenstern, können ihm Eltern auch ihre eigenen Glaubensvorstellungen anbieten, dass in der Nacht ein Schutzengel oder Gott alle bewacht: die Kinder und die Eltern.

»Jetzt schau doch endlich her!«

Abwägen zwischen Selbst- und Kindfürsorge

Ariadne hat mit Wollfäden ein dickes Knäuel gesponnen. Fröhlich läuft sie damit zur Mama, doch die reagiert unwirsch – sie sonnt sich gerade im Liegestuhl und mag nicht aufstehen. Papa mäht Rasen und hat bei dem lauten Rasenmäher kein Ohr für Ariadnes Gespinst. Ariadne zieht einen Schmollmund – aus der fröhlichen Wollebastlerin wird eine Vierjährige, die sich enttäuscht in ihr Zimmer zurückzieht. Seufzend steht die Mutter schließlich auf und folgt ihrer Tochter ins Haus.

Was geht wohl in Ariadnes Mutter in diesem Moment vor? Denkt sie zum Beispiel: »Jetzt will ich mich *einmal* ausruhen – da kommt meine Tochter schon wieder zu mir. Mein Mann ist doch auch da!« Ärgert sie sich über ihren Mann, der sich hinter seinem Rasenmäher verschanzt? Oder hat sie ein schlechtes Gewissen? Ist sie mit einem Mutterbild aufgewachsen, erst für die Kinder da zu sein und dann für sich selbst zu sorgen? Welche Rolle spielt ein Vater in ihrem Erziehungsbild überhaupt?

Und was geht im Kopf von Ariadnes Vater vor? Denkt er: »Ich habe doch den Rasenmäher vor mir, der laut ist und scharfe Kanten hat, da soll meine Tochter besser wegbleiben«? Will er akkurat Rasen mähen, der danach schön kurz sein soll und gut für ballspielende Kinder geeignet ist? Flucht er innerlich über seine Frau, die sich geradezu im Liegestuhl aalt? Oder sollte er sich eigentlich ums Kind kümmern, weil er seine Tochter die ganze Woche nicht gesehen hat?

Im Moment ist unklar, wer für Ariadne zuständig ist, wenn sie mit ihren Einfällen kommt. Da keiner der Eltern von sich aus reagiert, könnte man den Eindruck gewinnen, dass zwischen Vater und Mutter unausgesprochene Eifersüchteleien bestehen. Der eine gönnt dem anderen seine Tätigkeit nicht – worüber die beiden aber nicht sprechen. Die beiden tragen dann einen verdeckten Machtkampf aus, wer sein Bedürfnis durchsetzt (Rasenmäher vs. Liegestuhl).

Hat die Mutter nachgegeben und ihr Bedürfnis hintangestellt? Oder reagiert sie so aus Gewohnheit? Denn es ist nach wie vor offen, ob der Vater nicht wenige Minuten später auch seinem Kind gefolgt wäre. Vielleicht tat es auch ihm Leid, dass er seine Tochter mit ihrem Kunstwerk weggeschickt hat. Möglicherweise haben die beiden ein Muster wiederholt, das sie schon aus früheren Jahren kennen: Das Baby schreit und die Mutter reagiert schneller als der Vater.

Eines zeigt sich jedenfalls deutlich: Weil die Eltern im Vorfeld keine Absprachen getroffen haben, spielen sie jetzt nicht zusammen. Ob nun Machtkampf oder Gewohnheit, jedenfalls hat es Folgen: Die Tochter hat ihre Freude verloren und der Vater eine gut gelaunte Ehefrau.

Einerseits dürfte es Freiräume für beide Eltern geben, denn ihr Kind ist inzwischen groß genug. Andererseits wünscht sich ein Vierjähriges immer mal wieder kurze Zuwendung, die es zum Weiterspielen motiviert. Wenn Familien die gemeinsame Zeit wirklich genießen wollen, müssen sie auf die Bedürfnisse *aller* achten. Das Leben wird unnötig schwer, wenn auf Rechte gepocht wird oder Pflichten fixiert bleiben. Wenn Eltern spüren, dass sie hin- und hergerissen sind zwischen Wünschen und Müssen, brauchen sie eine kurze Verschnaufpause.

Die vier verschiedenen Elternhaltungen geben Orientierung, um Situationen wie die Wollknäuelszene zu entwirren.

Die *Adler*-Seite fragt: Was will ich meinem Kind vermitteln? »Zeig, was du kannst, und hol dir die Anerkennung«, oder: »Nicht geschimpft ist genügend gelobt.« Was soll mein Kind durch mein Vorbild lernen? »Erwachsene sind immer und allzeit bereit«, oder: »Alles hat seine Zeit – es gibt Zeit zum Ruhen und Zeit für Zuwendung.«

Die *Bären*-Seite fragt: Wer ist gerade für das Kind zuständig? Haben wir als Eltern das schon abgesprochen? – Wenn nicht: Jetzt wird's aber Zeit!

Die *Luchs*-Seite fragt: Was tut mir gerade gut? Wie kommen ich und die anderen zu Spaß und Entspannung?

Die *Maus*-Seite fragt: Welches Gefühl steigt in mir auf? Auf welches Bedürfnis weist mich das Gefühl hin? Ich höre darauf! Und was fühlt mein Kind? Wie kann ich auf dieses Gefühl reagieren, ohne mich oder das Kind zurückzusetzen?

Wenn Eltern ihre jeweiligen Wünsche aussprechen, ist bereits der erste Schritt getan, um Aufgaben neu zu verteilen. In unserem Beispiel etwa so: »Ich brauche eine halbe Stunde für den Rasen – schaust du bitte, wenn Ariadne was braucht?« Oder: »Ich möchte eine halbe Stunde ungestört lesen – bitte kümmere du dich um Ariadne.« Dann hat einer der beiden freie Zeit für sich. – Wer wohl diesmal den Vortritt bekommt?

Einzelne Situationen lassen sich auf diesem Wege leicht klären. Die Herausforderung wird größer, wenn wir mehrere kindergartenfreie Tage haben oder in den Ferien die Kinder rund um die Uhr auf uns angewiesen sind. Kinder wollen uns im Laufe des Tages sehr viel zeigen – das kann für uns anstrengend werden.

Werden Kinder öfter abgewiesen und ihre Entdeckungen mit einem »Jetzt nicht!« abgetan, dann rutscht das Kind in eine Abwärtsspirale hinein. Aus dem fröhlichen wird ein quengelndes Kind, aus dem quengelnden ein nörgelndes, aus dem nörgelnden ein beleidigtes oder vor Wut stampfendes Kind ... diese Spirale der Enttäuschung ist beliebig verlängerbar. Werden empfindlichere Naturen öfter zurückgewiesen, kommen sie zunächst seltener und eines Tages gar nicht mehr, um ihre Erfolge oder Schätze zu präsentieren. Sie sind abgestumpft oder ziehen sich in ihr Schneckenhaus zurück: »Die Eltern interessiert das ja sowieso nicht«, mögen sie denken. Zugleich haben Eltern sich von der Erlebniswelt der Kinder ausgeschlossen.

Wie würde es uns Erwachsenen gehen, wenn andere uns so abblitzen ließen?

> **Selbstbeobachtung**
>
> Stellen Sie sich vor: Eine Person, die Ihnen wichtig ist, weist Sie mit einem »Später, ich kann jetzt nicht!« ab – die Freundin, der Vorgesetzte, der eigene Partner.
> - Was geht in diesem Augenblick in Ihnen vor?
> - Wie wünschen Sie sich, dass der andere reagiert?

Das Abweisen von Kindern hat noch eine ganz andere Folge: Eltern bekommen von ihren Kindern immer weniger mit und haben wenig Zugang zu deren Kinderwelt. Manche Eltern werden misstrauisch, wenn es länger verdächtig still ist hinter der Kinderzimmertür. »Was läuft denn da gerade?«, fragen sie dann.

Ja, was läuft denn da? Was wissen wir Eltern eigentlich von der Welt einer Vierjährigen? Sind wir in der Lage, uns in die Kindersituation hineinzudenken – notfalls auf Kniehöhe? Aus Sicht eines Kindergartenkindes sind Legotürme mannshoch,

Türklinken über der Kopfhöhe, Spülbecken und Herdplatten – fast – unerreichbar. Sie entwickeln eigene Möglichkeiten, diese Hindernisse zu überwinden: Auf dem Arm von Mama oder Papa sehen sie die Welt auf Augenhöhe mit uns. Oder es findet sich eine Konstruktion aus Tretschemel und Kücheneimer, um nach oben zu kommen.

Kinder entdecken die Welt spielerisch. Dafür brauchen und suchen sie Bestätigung – wie wir Erwachsenen auch! So kommen sie im Schwung des eigenen Spiels, der eigenen Idee, der eigenen Entdeckung freudestrahlend auf uns zu.

Halten wir einen Moment inne und machen wir uns einmal den Wert dieser Geste bewusst: Das Kind hat eine eigene Welt – für seine Fantasie, die zum Beispiel ein spannendes Kinderhörspiel auslöst. Es braucht in seiner Welt einen Schutzraum, in dem es selbst mit vielen neuen Eindrücken fertig werden kann. In seinem Rückzugsgebiet kann es allein – oder mit Geschwistern – ungestört spielen oder Spaß haben. Ein Kind braucht Räume der Entspannung, um von einem anstrengenden Kindergartentag loszukommen. Wenn unser Kind diese Welt verlässt und auf uns zugelaufen kommt, weil es uns etwas zeigen will, dann haben wir Erwachsenen die Chance, einen Zipfel von dieser Kinderwelt zu erhaschen.

So sorgen Sie für sich und Ihr Kind:

- Will Ihr Kind Ihnen etwas zeigen, gehen Sie kurz, aber intensiv auf seinen Wunsch ein. Wenden Sie sich ihm auf Augenhöhe zu und loben Sie beschreibend, was Sie sehen: »Na das ist ja ein dickes Wollknäuel!« Selbst bei Zeitdruck: Ein Satz geht doch immer, oder?
- Wenn Sie mit etwas beschäftigt sind, nennen Sie auch Ihre eigenen Bedürfnisse: »Du, ich bin jetzt gerade beim Rasenmähen, lass mich das noch fertig machen. Ich kann danach zu dir kommen.«

So hat das Kind Ihr Interesse wahrgenommen und kann selbst entscheiden, wie viel Vater oder Mutter es in dieser Situation braucht. Kurzes, aber intensives Zuwenden hilft Eltern auch bei der Erziehung mehrerer Kinder – vor allem wenn ein Elternteil mit mehreren Kinder allein daheim ist. Dann schießen die Eifersüchteleien der anderen nicht so hoch, und trotzdem erhält jedes Kind volle Zuwendung. Das ist auf Dauer wesentlich leichter, als alle gleichzeitig abzuwimmeln.

Kurze, intensive Zuwendung ist auch ein Schlüssel für jeden Erwachsenen und für jedes Paar. Lob für scheinbar Selbstverständliches wertet den Alltag auf. Wir können lernen, uns ruhig einmal selbst zu loben. Warum nicht auch eine geputzte Wohnung wahrnehmen und das auch dem Partner sagen? Oder der gemähte Rasen, die selbst gewechselten Winterreifen am Auto, die gebügelten Hemden, das Essen, das gut schmeckt! Achten wir gegenseitig darauf, was der andere uns Gutes tut!

Eltern-Teamwork

Lobens-wert

In welchen Momenten täte *mir* in meinem Leben Wertschätzung gut? Wofür kann ich mich selber loben? In welchen Momenten freut mich ein Lob von meinem Partner besonders? Wann lobe ich meinen Partner oder meine Partnerin?

Chaos im Kinderzimmer

Der Balanceakt zwischen Ordnung und Privatsphäre

Heute ist Putztag. Mutter Sabine stößt die Tür auf zum Kinderzimmer mit dem Staubsauger in der Hand, doch sie kommt nicht weit. Der vierjährige Nico hat sich ausgebreitet: Die Kuscheldecke liegt vom Bett heruntergezogen auf dem Teppich, die Plüschtiere sind aufgereiht daneben, die Kleidung der letzten drei Tage ist auf Stuhl und Boden verteilt. Wo noch Platz wäre, steht die neue Holzeisenbahn, Papas Geburtstagsgeschenk vom vorigen Wochenende, halb aufgebaut auf dem bunten Kinderteppich. »So kannst du doch gar nicht spielen«, ruft die entnervte Mama, stellt den Staubsauger hin und fängt an aufzuräumen.

An der Tür zum Kinderzimmer stoßen wahrlich Welten aufeinander. Der Ordnungssinn der Mutter kollidiert mit Nicos Vorstellungen. Aus einer Parallel-Welt ragt ein bisschen Papa hinein: das unvollendete Eisenbahn-Geschenk.

Hinter der Tür herrscht die Welt des Vierjährigen: die Spielsachen, die er braucht, ein bisschen Kuscheln (Plüschtiere, Schmusedecke) und – ja: Privatsphäre. So fühlt sich Nico wohl, zu seiner Spielwelt müssen sich Erwachsene hinunterbeugen: Sie ist auf dem Kinderteppich aufgebaut.

Die Erwachsenenwelt in unserem Beispiel besteht – sofern beide Eltern zu Hause sind – aus mindestens zwei Welten. Die Mutter repräsentiert die erste Welt. Sie will putzen. Für ein unfallfreies Staubsaugen setzt sie andere Maßstäbe, als im Kinderzimmer vorherrschen und die ein Vierjähriger auch einhalten kann. Hinzu kommt vielleicht ihre Vorstellung von Ordnung an sich. Muss ein Kinderzimmer beispielsweise »herzeigbar« sein, wenn überraschend Besuch in der Tür steht? Gab es Ankündigungen wie: »Heute putze ich, bitte aufräumen«?

Die zweite Welt ist die des Vaters. Spannend ist schon die Frage, was der Papa von Ordnung und Privatsphäre hält und was er dafür tut. In welchen Bereichen der Wohnung fühlt er sich wohl und was ist dazu notwendig? Wie weit wirkt seine Präsenz ins Kinderzimmer? In unserem Beispiel hat er die Eisenbahn ins Spiel gebracht. Stellen wir uns einmal vor, er käme ins Kinderzimmer (vermutlich ohne Staubsauger) – welcher Papa würde sich nicht begeistert auf alle viere niederlassen und die Bahn weiterbauen, mit der Nico doch offensichtlich überfordert ist?

Die Balance zwischen Ordnung und Privatsphäre endet nicht an der Kinderzimmertür. Sie betrifft die ganze Wohnung, auch wenn sie von Raum zu Raum unterschiedlich gehandhabt wird. Mitunter schwappt Spielzeug aus dem Kinderzimmer in andere Räume hinein. Dann geht es um weit mehr als bloße »Ordnung«. Auch Eltern haben ein Recht auf Privatsphäre. Dafür müssen sie selbst sorgen – im eigenen Interesse. Mag einer (mögen beide Partner?) Legobausteine auch im Wohnzimmer, auf der gemütlichen Couch – oder ist das Ihr Rückzugsraum?

Es gibt enorme Unterschiede, wie Familien mit Ordnung und Privatsphäre umgehen!

> Laras Mutter räumt täglich das Kinderzimmer auf. Sie räumt alle Puppen ins Regal zurück und entscheidet, welche Zeichnungen sie aufhebt oder wegwirft. Lara (5) erträgt diesen Eingriff. Lara ärgert sich im Stillen, weil sie manches erst suchen muss und manches nicht wiederfindet. Lara muss als Beitrag abends ihre Kleidung ordentlich hinlegen. Die Mutter möchte sie damit zur Ordnung erziehen.

In diesem Fall übernehmen Erwachsene die Verantwortung für die Ordnung. Sie nehmen sich das Recht, nach ihren eigenen Maßstäben zu handeln. Lara bekommt ein deutliches Ordnungskonzept vorgelebt, hat aber keine Privatsphäre.

> Wie es in Annas Zimmer aussieht, überlassen die Eltern ihrer fünfjährigen Tochter. Alle zwei Monate kündigt ihre Mutter einen Aufräumtag an, an dem sie zusammen mit ihr das Kinderzimmer ordnet und putzt. Ansonsten ist das Kinderzimmer für Annas Eltern tabu. Anna ärgert sich manchmal, wenn sie bei sich nichts findet.

So geht es auch. Das Kinderzimmer ist (fast) erwachsenenfreie Zone. Damit geben die Eltern einen Teil der Wohnung in die Verantwortung ihres Kindes. Was Anna in ihrer geschützten Privatsphäre macht, ist deren Sache. Diese Einstellung entlastet die Eltern beispielsweise von dem Druck, sich vor Besuchern für die Ordnung in der ganzen Wohnung, auch in der des Kinderzimmers, verantwortlich zu fühlen. Anna wiederum lernt früh, für ihren Bereich verantwortlich zu sein. Sie bekommt allerdings wenig Orientierung, was Ordnung ist.

Für alle drei Beispiele ist das Kinderzimmer die erste eigene Welt des Kindes – die Höhle zum Zurückziehen, die Spielzone, ein Raum zur Selbstgestaltung mit Kinderpostern und Lieblingsdecken. Hier können Eltern entscheiden, was sie dem Kind bereits zutrauen: ob es sich frei ausbreiten darf, ob es für Ordnung sorgen soll und ob die Eltern ihm dabei helfen oder ob es dies selbst in der Hand behält.

Kinder besitzen keinen angeborenen Ordnungssinn, sondern entwickeln ihn erst langsam: so, wie sie ihn vorgelebt bekommen, oder – später aus Trotz – gerade nicht so. Dabei beobachten sie ihre Eltern genau.

Wie halten es beide Eltern selbst mit der Ordnung? Sind sie sich prinzipiell einig oder sind »Kompetenzen« zum einen Partner hingewandert, wobei ihm dann auch die Last zufällt, die Ordnung aufrechtzuerhalten? Wenn beide Partner in ihrem Ordnungsempfinden weit auseinander streben, haben sie Reibungsflächen auf mehreren Ebenen.

Zunächst einmal miteinander als *Partner*: Sind zum Beispiel seine Socken im Bad verstreut? Liegen ihre Einkäufe noch im Flur? Ist die Zahnpasta nicht richtig zugedreht? Es gibt mehrere Möglichkeiten zu reagieren: erdulden, hinterherräumen, nörgeln oder wütend werden – in jedem Fall entsteht Stress. Für eine tragfähige Gutelaunelösung müssen die Partner miteinander aushandeln, welcher Grad an Ordnung für welchen Raum gilt: beispielsweise keine Schmutzwäsche im gemeinsamen Bad, dafür darf sie in seinem Arbeitszimmer liegen bleiben. Wenn er sich an Einkäufen im Flur stört (weil er einen einladenden Eingangsbereich liebt), lässt sich verhandeln, wo sie nicht mehr stören: Sollen die Lebensmittel gleich in die Küche oder neue Kleidung sofort in die Schränke geräumt werden? Je beengter ein Paar wohnt, je mehr Wohnfläche gemeinsam genutzt wird, desto mehr Absprachen sind nötig. Entlastend wirkt, wenn es für jeden kleine Rückzugsräume gibt, in denen jeder seine private (Un-)Ordnung ausleben darf.

Die zweite Reibungsfläche entsteht, wenn Kinder dazukommen. *Eltern* beeinflussen durch ihr eigenes Ordnungsverhalten das Kind automatisch und sind Vorbild. Doch welches Vorbild? Gewöhnlich haben Vater und Mutter unterschiedliche Vorstellungen – sowohl, was ihre Einstellung zu Ordnung als auch die Bedeutung von Privatsphären betrifft. Diese Unterschiede werden bleiben und die Kinder werden sich diese Unterschiede genau ansehen. Wichtig ist jedoch, dass sich Eltern einig sind, was sie ihren Kindern vermitteln wollen. Sonst weiß ihr Kind nicht, an wen es sich halten soll, und es spielt im elterlichen Machtkampf das Zünglein an der Waage.

Setzt beispielsweise die Mutter ihren Ordnungsmaßstab mit Macht gegen den Vater durch, siegt in der Erziehung die schwächere Seite. Im Bild der Waage gesprochen ist die Mutter die Gewichtigere, also hüpft das Kind in die Waagschale zum Vater und schafft so ein Gleichgewicht. Scheitert die penible Vorstellung der Mutter an einem Vater, der sich gemütlich in der ganzen Wohnung ausbreiten will, hat das noch einen weiteren Grund: Das Kind orientiert sich an dem, was ihm leichter erscheint: die Methode vom Papa. In den Augen der ordnungsliebenden Mutter ist das »Schlamperei« – und dauernder Zoff ist vorprogrammiert. Bei zwei Geschwistern ist es wahrscheinlich, dass sich die Kinder aufteilen: Ein Kind kopiert den lockeren Stil, während sich das andere mit dem Ordnungsliebenden solidarisiert. Auch hier sorgen die Kinder unbewusst wieder für Ausgleich zwischen den Eltern. Herrlich – mitunter schaurig – anzusehen, wenn die zwei sich spätestens als Schulkinder gegenseitig beschimpfen – genau so, wie es die Eltern tun.

Erfolgreich werden Eltern nur sein, wenn sie hier gut kooperieren. Bei unterschiedlichen Standpunkten sollten sie klären, was gut für jeden Einzelnen ist: wie viel Ordnung in welchem Raum, wie viel Privatsphäre für jeden. Dabei gilt wieder: Erst für sich sorgen, dann für den Partner, dann für das Kind. Die gemeinsamen Wohnräume sind ein erstes Feld für Familienkonferenzen, zu dem Eltern ihre Kinder von klein auf mit hinzuziehen können. Jeder darf seine Ideen einbringen, wie das Wohnzimmer für jeden zum Wohlfühlraum wird und was er dafür tut.

Kinder kriegen Ordnung zwar von Anfang an mit, sind aber erst im Alter von vier, fünf Jahren alt genug, um selbst Ordnung zu schaffen. Ein Dreijähriges kann auf zwölf Quadratmetern schwer den Überblick behalten. Ein schulreifes Kind durchaus.

So wie sich der Ordnungssinn erst entwickelt, so können Eltern nach und nach den Kindern eigene Ordnungsräume zubilligen. Die Bettdecke kann auch ein kleineres Kind schon geradeziehen oder, wenn ihm das lieber ist, die Plüschtiere so anordnen, wie es ihm gefällt. Diese Ordnung auf dem Bett sollen dann aufräumende Eltern nicht antasten.

Erwachsene können ihr Kind bei seinen ersten Gehversuchen in Sachen Ordnung unterstützen. Sie entscheiden, wie viel Spielzeug zur Verfügung steht. Das 15. Plüschtier, die ausufernde Eisenbahn – ab einem gewissen Durcheinander von Spielsachen sind Kinder überfordert. Da lohnt es sich in Absprache mit Partner und Kind, manches Spielzeug für begrenzte Zeit wegzuräumen. Ein behutsames Ordnen schafft wieder Übersicht im Kinderzimmer, und irgendwann werden die verräumten Spielsachen neu entdeckt und sind doppelt wertvoll. Doch Vorsicht: Hier geht es nicht darum, Kinder durch weggesperrtes Spielzeug zu strafen.

Ordnung lässt sich spielerisch lernen. Davon haben auch die Großen etwas. Die erwachsenen Eltern könnten sich gelegentlich fragen, wie es um ihren Papierkram bestellt ist: Alle Kontoauszüge abgeheftet? Steuerunterlagen im Fach? Post sortiert oder gar beantwortet? Lautet eine oder mehrere Antworten »Nein«, lässt sich daraus ein Aufräumspiel machen: Die Mama oder der Papa widmet sich jetzt eine halbe Stunde dem eigenen Schreibtisch. Und das Kind räumt in dieser Zeit seinen Spieltisch auf – nachdem beide ihre Aufräumaktionen gegenseitig bewundert haben, genießen sie zusammen eine Pause.

Überhaupt der Tisch im Kinderzimmer. Er kann für jüngere Kinder als abgegrenzte Kind-Zone gelten: Hier darf es stapeln, sammeln, aufheben, was es begehrt. Diese Schätze rührt kein Erwachsener an. So übernimmt ein Kind Verantwortung für einen Bereich, der in Zukunft wichtiger wird. Wenn der Schuleintritt näher rückt, ist der Tisch bereits eine Aufräum-Zone, die das Kind selbst verwaltet.

Im Laufe eines (Kinder-)Lebens wächst die Privatsphäre. Der Prozess verläuft kontinuierlich: Beim Baby, das nachts schreit, kommen die Eltern ganz selbstverständlich ins Kinderzimmer gelaufen. Das Baby braucht sie und holt sich Hilfe. Bereits das Vierjährige braucht die Eltern nicht mehr so dringend. Es hat seine eigenen vier Wände, in denen es auch mal ungestört spielen will. Später wird das Zimmer Rückzugsgebiet für ungestörte Hausaufgaben. Im Laufe dieses Prozesses wird das größer werdende Kind zunehmend sein Zimmer zum Privatraum machen. Eltern oder Besuch kündigen sich dann durch Anklopfen an – und dürfen nur mit ausdrücklicher Erlaubnis hinein. Mit Anklopfen können Eltern schon Kindergartenkindern signalisieren: Wir nehmen dich und deine Privatsphäre ernst.

Eltern-Teamwork

Miteinander wohnen

- Klären Sie: Was sind Ihre persönlichen Rückzugsräume, welche Bereiche der Wohnung bezeichnen Sie beide als Gemeinschaftsraum? Welche Ordnung soll im Gemeinschaftsbereich gelten? Wer sorgt für was?
- Sagen Sie Ihrem Partner, wie der andere sich in Ihrem Privatbereich verhalten soll.
- Ordnung und Verantwortung für Privatbereich wachsen mit dem Alter der Kinder. Überprüfen Sie in regelmäßigen Abständen, ob der Maßstab alle zufrieden stellt.
- Wie Sie aufräumen, können Sie Ihren Kindern vormachen. Schachteln helfen, den Überblick zu bewahren. Was halten Sie von dem Dreisatz: Auspacken – Spielen – Einräumen?
- Inwieweit können Kinder für ihren Raum und Teile der gemeinsamen Wohnung Verantwortung übernehmen?

Fernseher – Gameboy – Playstation

Vom Umgang mit den neuen Familienmitgliedern

Eigentlich ist die Regel klar: Leon (5) darf pro Tag eine halbe Stunde fernsehen. Die hat er heute schon gehabt und seine Mutter verbietet ihm weiter fernzusehen. Leon läuft rüber zum Papa und findet ihn – vor dem Fernseher, der *Sportschau*.

Hier bahnt sich eine verzwickte Situation an. Verschiedene Bedürfnisse stoßen nämlich aufeinander: die von Leon (der fernsehen will, aber nicht darf), das Bedürfnis der Mutter, diese halbe Stunde generell einzuhalten und speziell an diesem Tag konsequent zu sein, und das Bedürfnis des Vaters, »seine« *Sportschau* zu gucken – bislang unberührt von der Kinderregel.

Die halbe Fernsehstunde ist eine Regel, die viele Erziehungsratgeber für die Kindergartenzeit empfehlen. Ob sie für alle Familien passt, gilt es herauszufinden. Die Regel ist nicht immer deckungsgleich mit dem Bedürfnis des Kindes. Das Kind würde manchmal länger, manchmal gar nicht schauen. Doch wie stehen beide Eltern zu den 30 Minuten? Besteht hier Einigkeit, haben beide diese Grenze besprochen, besser noch zu dritt mit dem Kind? Oder stammt die Idee von einem Elternteil, der Mutter, die einen Ratgeber gelesen hat und jetzt sagt: »Da steht's, daran halten wir uns!«? Möglicherweise erweist sich diese Regel als nicht alltagstauglich, weil etwas ganz anderes abläuft:

> Leon setzt sich leise zum Papa dazu. Jetzt ist er nahe beim Papa! Eine Männeraktion, juhu!

Leon genießt die Nähe zu seinem Vater. Er war ihm den ganzen Tag noch nicht nahe. Mutters Fernsehverbot ist kurz davor, ausgehebelt zu werden. Will der Mann seiner Frau nicht in den Rücken fallen, hat er als Vater mehrere Möglichkeiten:
Er fragt Leon sofort: »Hast du heute schon ferngesehen?« Dazu muss der Vater die 30-Minuten-Regel kennen. Lautet Leons Antwort »Ja«,

- müsste der Vater entweder selbst auf die *Sportschau* verzichten, ausschalten und sich seinem Sohn widmen
- oder Leon aus dem Zimmer weisen, wenn er selbst weitergucken möchte.

Kennt der Vater die Regel nicht oder hält er nichts von ihr, läuft der Versuch der Mutter, den Fernsehkonsum einzuschränken, ins Leere und ihre Autorität steht in Frage. Dann braucht diese Familie eine andere Vereinbarung, die von beiden Eltern getragen wird.

Wie eine Familie mit dem »Familienmitglied« Fernseher umgeht, ist meist eine Mischung aus Gewohnheit und bewusster Entscheidung, oft siegt die pure Bequemlichkeit. Jeder Deutsche sieht täglich durchschnittlich 150 Minuten fern[22] – das sind zweieinhalb Stunden, Kleinkinder und Greise miteingerechnet! Erwachsene nutzen den Fernseher aus ganz unterschiedlichen Gründen: Sie wollen sich informieren oder suchen Ablenkung, sie wollen ihn ganz gezielt für eine

Lieblingsserie einschalten oder zu zweit vor dem Fernseher entspannen. Mit Kindern kommen diese Gewohnheiten auf den Prüfstand.

Möglicherweise haben Vater und Mutter, als sie selbst noch Kinder waren, völlig unterschiedliche Erfahrungen mit dem Fernseher gemacht. Der eine ist vielleicht mit einer Flimmerbox aufgewachsen, die ständig lief, aber wenig beachtet wurde. Der andere kommt womöglich aus einer Familie, die gar keinen Fernseher besaß, aber viel über dessen Wirkungen diskutierte – so wurde das Gerät zum unsichtbaren, aber mächtigen Mitbewohner. Manche kennen aus ihrer Kindheit ein tragbares Gerät, das sie nur bei Bedarf aufstellten. Das war mühsamer als heute, da die meisten Geräte bereits im Stand-by-Modus verfügbar sind und ein Griff zur Fernbedienung genügt. Vielleicht sehnen sich manche nach Ritualen vor dem Fernseher aus der Kindheit zurück, bei der bestimmte Sendungen angeschaut wurden und danach der Tagesplan eingerichtet wurde – etwa bei Klassikern wie *Die Sendung mit der Maus*. Wie auch immer die Erfahrungen in der Herkunftsfamilie waren, sie prägen das heutige Verhalten als Nutzer wie als Erzieher.

Wie sind Sie geprägt worden? Haben Sie beide einen ähnlichen TV-Geschmack? Schauen Sie fern, um sich zu entspannen? Oder schalten Sie nur ein, wenn Sie Interesse an einer ganz bestimmten Sendung haben? Wenn Sie ähnlich ticken, ist alles in Butter. Unterschiedliche Nutzung kann aber auf den Familienfrieden durchschlagen. Wer sich entspannen will, bleibt mit großer Wahrscheinlichkeit länger vor dem Bildschirm sitzen. Wird diese »Entspannungsübung« dem Partner zu viel, verflucht er den Fernseher als großen Zeitfresser.

> **Eltern-Teamwork**
>
> *Fernseh-Genuss?*
>
> Nutzen Sie einen der nächsten Abende, an dem Sie unzufrieden mit dem Fernsehprogramm sind. Erzählen Sie sich:
>
> - Was bedeutet Ihnen der Fernseher? Wozu nutzen Sie ihn?
> - Was glauben Sie, dass Ihr Kind sich von Ihnen abschaut?
> - Was möchten Sie als Vater oder Mutter Ihrem Kind vermitteln?

Wenn Kinder einschalten, orientieren sie sich am Vorbild ihrer Eltern. Wer selbst viel vor dem Fernseher sitzt und zu anderen Spielen mit den Kindern wenig Lust hat, hat höchstwahrscheinlich Kinder, die auch den Tag vor der Glotze verbringen. Wenn Eltern den Fernseher wenig beachten, vergessen auch die Kinder ihn an manchen Tagen.

Ganz unterschiedliche Motive stehen hinter dem Kinderwunsch, fernzusehen: Sie schauen aus purer Langeweile, sie mögen nicht allein sein, sie wollen sich an jemanden ankuscheln, sie haben eine Lieblingssendung, die sie nicht verpassen wollen. Manchmal schauen sie auch, weil es verboten ist. Damit nicht der Reiz des Verbotenen entsteht, sollten sich Eltern einig sein, dass sie den Fernseher nie als Belohnung oder Bestrafung einsetzen. Sonst bekommt die Flimmerkiste eine Bedeutung, die sie vorher nicht hatte.

Genauso wenig macht es Sinn, den Fernseher von vornherein als »Feind« zu verteufeln. Denn der Fernseher liefert ja nicht nur Berieselung, sondern kann Gesprächsstoff zwischen Eltern und Kind bieten. Eine Tiersendung hat Informationen für alle, die Verfilmung eines Märchens kann die ganze Familie anrühren und Generationen fieberten mit »Sissi«, der jungen Kaiserin.

So gesehen ist der Fernseher ein sprechendes »Familienmitglied«. Nehmen wir ihn ernst und überlegen wir, welchen Raum er in der Familie einnehmen soll. Ach, wenn wir doch manchmal dem anderen genauso lange zuhören würden wie dem Fernseher ... Was hätten wir für eine prima Gesprächskultur!

Die Nutzung von Medien ist Familiensache – das gehört fast schon zum Intimbereich. Eltern treffen die Entscheidungen im Wesentlichen allein, wie sie mit dem Fernsehen umgehen. Sie haben wenige Vergleiche, wie andere Familien das lösen, wenn sie nicht gezielt danach fragen. Manche scheuen sich auch, über ihren Fernsehkonsum zu reden oder ihre Überforderung einzugestehen. Dabei wäre ein aktives Nachfragen durchaus angebracht. So können Sie wertvolle Tipps erfahren, wie andere mit dem Fernseher umgehen und behalten obendrein das Heft des Handelns in der Hand. Das erspart Ihnen manchen Unfrieden, bevor das Thema von außen durch Kindergartenfreunde auf die Familie zurollt.

Eine gemeinsame Linie der Eltern ist besonders wichtig, wenn Großeltern andere Fernsehgewohnheiten haben. Oft schauen die Großeltern wesentlich länger, als es uns Eltern für die eigenen Kinder lieb ist. Was also tun, wenn die Oma die Kinder hütet und überhaupt nichts dabei findet, dass der Enkel – genauso wie der Opa – stundenlang vor dem Fernseher sitzt? Junge Eltern brauchen hier Abstand zu den eigenen Eltern. Sie werden den Großeltern ihren TV-Konsum nicht ausreden können. Sie können lediglich entscheiden, wie lange ihre Kinder zu den Großeltern dürfen. Wenn Sie um Verständnis bei den Großeltern werben wollen, spricht am besten der jeweilige Partner mit seinen Eltern.

Zu unser aller Entlastung: Sind wir nicht irgendwann als Kind zu Nachbarn, Freunden, Tante Agnes oder zur Oma ausgebüchst und haben dort nach Herzenslust ferngesehen? Kinder sind in der Lage, die Fernsehmaßstäbe zwischen Großeltern und der eigenen Familie zu trennen.

Ein TV-Gerät steht in 98 Prozent aller deutschen Haushalte – und wird in der Regel von Erwachsenen angeschafft, bedient und demzufolge auch verstanden. Anders bei den elektronischen Spielzeugen, die es vor 20 Jahren noch gar nicht gab. Die Rede ist von Gameboy, Playstation & Co. Der Spieltrieb von Kindern stößt hier auf die Ahnungslosigkeit vieler Eltern. Die Spielzeugindustrie nutzt das weidlich aus – zumal heute mehr Geld für immer weniger Kinder zur Verfügung steht. Eltern oder Großeltern öffnen weitgehend ratlos ihre Geldbeutel für Nintendo & Co., die die Kinder bei gleichaltrigen und größeren Kindern kennen lernen und sich auch wünschen. Gameboys kursieren in vielen Kindergärten, auch wenn die meisten Erzieherinnen das Mitbringen verbieten. Wer einen Gameboy besitzt, gilt unter den Jungen als cool. Mädchen spielen vergleichsweise selten damit. Bei der Bedienung einer Spielekonsole werden Kinder schnell zu Experten mit fixen Fingern, die Großen können hier nur noch selten mithalten. Gar nicht so einfach, dann noch die Erziehungskompetenz zu behalten, wenn man sich unterlegen oder überfordert fühlt. Andererseits birgt diese Schwierigkeit die Chance, dass die Kinder mal mit Stolz zeigen können, wie wendig sie sind und wie schnell sie Neues erfassen.

Die wenigsten Eltern kennen diese Spielgeräte aus ihrer eigenen Kindheit. Ihnen fehlen Vorbilder, wie sie sich verhalten können. Profis sind dagegen größere Kinder in der Nachbarschaft.

Wenn Eltern sinnvolle Regeln festlegen wollen, müssen sie sich – wohl oder übel – mit diesen Spielgeräten auseinander setzen. Welche Spiele sind gerade aktuell? Geschicklichkeits-, Baller- oder Strategiespiele? Was sind die Taktiken? Und dann die berühmte Frage: Wie viel Zeit darf Ihr Kind täglich mit seinem elektronischen Freund verbringen? Sind Gameboy & Co. ein willkommener Zeitvertreib fürs Kind? Dienen sie als Kindersitter? Wird Ihr Kind durch diesen Alleinunterhalter einsamer oder findet es dadurch mehr Anschluss unter Gleichaltrigen?

Seit einigen Jahren kommt das Internet hinzu. Schrott und Chancen liegen dicht beieinander – genauso wie bei Webseiten für Erwachsene. Kennen Sie sich aus? Zeigen Sie Ihrem Kind gute Adressen im Internet? Hat es über ältere Geschwister selbstständig schon Zutritt? Oder soll Ihr Kind im Vorschulalter noch ohne elektronische Medien aufwachsen? Vielleicht haben Sie sich diese Fragen noch gar nicht gestellt. Wie Ihr Kind mit Medien umgeht, schaut es sich jetzt von Ihnen als Eltern ab. Noch sind Sie das Vorbild.

Hier einige hilfreiche Internetadressen für Eltern:

www.flimmo.de – TV-Programmberatung für Eltern
www.kinder.de/Software-Tipps.128.0.html – Auswahl neuerer Konsolenspiele
www.blinde-kuh.de – Suchmaschine für Kinder im Internet
www.seitenstark.de – Auswahl guter Kinderseiten im Internet
www.internauten.de – Tipps für Eltern zum Umgang mit dem Internet
www.dji.de/egi-bin/projekte/output.php?projekt=338 – Websites für Kinder (Deutsches Jugendinstitut)

Eltern-Teamwork

Für einen entspannten Umgang mit den neuen Medien

- Überlegen Sie miteinander, welche Freizeitmedien Ihr Kind im Vorschulalter kennen lernen soll.
- Legen Sie miteinander fest, wo Fernseher und Computer einen Platz bekommen, den Sie im Blick haben.
- In Ihren vier Wänden gelten Ihre Regeln. Sie sollten zuallererst für Ihrer beider Bedürfnisse passen. Sprechen Sie gemeinsam Regeln ab für Fernsehen, Gameboyspielen, Playstation oder Internet. Wann und wo dürfen die Kinder sie nutzen?
- Unterstützen Sie sich bei der Einhaltung Ihrer gemeinsamen Regel, damit Sie sich nicht ausspielen lassen. Suchen Sie eine Lieblings-TV-Sendung aus, die Sie regelmäßig gucken.
- Wenn die Kinder sich vor den Fernseher setzen, setzen Sie sich so oft wie möglich dazu. Dann können Sie auch die Reaktionen Ihrer Kinder besser beobachten.
- Bieten Sie sich nach einer Fernsehsendung als Gesprächspartner an.
- Fernseher & Co. taugen weder als Kindersitter noch als Druckmittel für Belohnung oder Strafe! Achten Sie darauf, dass Freizeitmedien Genussmittel bleiben. Wie andere Genussmittel auch, tragen sie bei Überdosis Suchtpotenzial in sich.
- Lassen Sie sich Gameboyspiele erklären. Spielen Sie mal mit! Hier können Ihre Kinder punkten – und Sie bei ihnen.
- Es gibt Alternativen zu elektronischen Spielen: Brettspiele regen auch Sinne an und machen gemeinsam Spaß.

Alle Jahre wieder ...

Familienfeiern und ihre Tücken

Korbinian wird fünf! Er freut sich riesig auf seinen Geburtstag und redet von nichts anderem mehr. Im Kindergarten wird er mit goldener Geburtstagskrone feiern. Auch seine Großeltern werden kommen, haben sie Korbinian am Telefon angekündigt. Und Korbinian möchte unbedingt alle seine Freunde zu einer Trampolinparty einladen – so wie Julius, der kürzlich im neu eröffneten Family-Adventure-Park gefeiert hat. Korbinians Vater ist zwar nicht begeistert, dass seine Eltern – wie immer halt – anreisen, doch das lässt sich kaum ändern. Er wird an dem Nachmittag erst nach der Arbeit dazustoßen, so dass er seiner Frau diesen Besuch überlassen muss. Korbinians Mutter fühlt sich von allem überrollt. Feierlaune? Wirklich nicht! Sie soll für den Kindergarten und die Großeltern backen, die Wohnung muss hergerichtet werden und dann weiß sie nicht recht, wie sie ihrem Mann die Feier im Family-Adventure-Park beibringt, denn die wird teuer. Aber wenn Korbinian es sich so arg wünscht ...

Puh, da kommt einiges zusammen! An sich sind Feiern eine wunderbare Abwechslung im grauen Alltag. Die Arbeitszeiten mit fröhlichen, ausgelassenen Festen zu durchbrechen war schon zu allen Zeiten ein Zeichen von Lebenslust und Genussfähigkeit, Ausdruck einer Kultur, die dem Leben zugewandt ist.

Doch die Feste haben sich gewaltig geändert. Als Sie noch als Singles oder Pärchen Partys besuchten, reichte es häufig, einen Nudelsalat oder einen Kasten Bier zu organisieren, um eine super Fete zu feiern. Das ging spontan und locker. Kaum aber kommen Kinder, bekommen Feste wieder einen Rahmen, der richtig Arbeit verursacht. Auf junge Eltern prasseln ausgesprochene wie unausgesprochene Erwartungen ein: Die Feier soll den Bedürfnissen des Kindes entsprechen, die Verwandtschaft möchte mitbedacht werden, durch Nachbarschaft und Freunde entsteht ein mehr oder weniger großer Erwartungsdruck, was »man« zu tun hat. Vor lauter Anforderungen vergessen die Eltern womöglich, dass auch sie an einem Geburtstag ein ganz persönliches Fest feiern: An diesem Tag sind sie zum ersten, zweiten, dritten Mal Eltern geworden. Sie haben ein Kind geboren! Sie haben Leben hervorgebracht! Dieser Gedanke gewinnt angesichts der Diskussion um den demografischen Faktor auch gesellschaftlich wieder an Wert.

Damit die Erwartungen von außen nicht die ganze Festfreude verderben, ist es wichtig, dass wir als Eltern Feste selbst in die Hand nehmen. Wie kann es gelingen, dass wir wieder Akteure werden, die einem Fest ein eigenes persönliches Gesicht geben? Aus der planenden Adlerperspektive wollen wir die verschiedenen Dimensionen von Familienfesten beleuchten. Das sind nämlich eine ganze Menge: Organisation und Kosten, familiäre Erwartungen und eigene Kindheitserinnerungen, und manchmal auch ein religiöser Bezug.

Zunächst einmal erfordern Feste *Organisation*. Ob Geburtstag oder Weihnachten – wenn wir unseren Kindern unsere Kultur nahebringen wollen, gehören Vorbereitungen dazu. Kuchen backen, Christbaum kaufen, Lieder einüben, Spiele vorbereiten – das alles benötigt Zeit, kann aber auch viel Spaß machen, je nachdem, ob wir als Eltern vorrangig in der Bären-Haltung an die Festvorbereitungen herangehen oder ob wir die Luchs-Perspektive mit einbeziehen: Was macht mir als Vater beziehungsweise Mutter selbst bei dem Fest Spaß? Mache ich all den Aufwand nur wegen der anderen oder soll es zunächst mal mein oder unser Fest sein? Wer kann uns Arbeit abnehmen – Verwandte, Freunde oder die Kinder? Je mehr Leute wir in die Festvorbereitung einbinden, desto mehr fühlt sich jeder beteiligt und macht das Fest zu seiner Sache. Je früher wir die Kinder in Festvorbereitungen mit einbeziehen, desto intensiver lernen sie unsere Familienkultur kennen. Kinder sind mit Feuereifer dabei, wenn sie spüren, dass auch wir Eltern mit Herzblut Feiern ausrichten. Dann helfen sie gerne mit und haben oft tolle Ideen.

Neben der Organisation sind Feste häufig auch mit *Kosten* verbunden. Es gehört schon eine gehörige Portion Selbstbewusstsein dazu, nach außen zu vertreten, dass man sich nicht das Festmenü im Restaurant oder den Kindergeburtstag im Erlebnispark leisten kann oder mag. Doch muss es wirklich teuer werden? Sie haben als Eltern schon Vorerfahrungen – möglicherweise unterschiedliche.

Eltern-Teamwork

Frohes Fest

Überlegen Sie kurz:

Welche Feste sind Ihnen im Laufe Ihres Lebens in Erinnerung geblieben? Was machte sie zum Highlight? Waren es die gute Stimmung, die angeregten Gespräche, der entlastende Partyservice, die vielen Gäste ...?

Organisation und Kosten von Kinderfesten haben Eltern weitgehend eigenständig in ihrer Hand. Schwieriger wird es schon mit den *familiären Erwartungen*, die seit der Familiengründung an ein Paar herangetragen werden. Traditionelle Familienfeste sind Geburtstag, Namenstag, Muttertag, allem voran Weihnachten – in den meisten Familien zumindest. Wenn nun die zwei (Herkunfts-)Familien von Vater und Mutter aufeinander treffen, zeigen sich häufig große Unterschiede, welche Bedeutung sie diesen Festen beimessen und wie sie feiern. Bei Familienfeiern wird deutlich, aus welcher Gegend jemand kommt – ob aus Nord- oder Süddeutschland (ein protestantischer Hamburger kennt keine Namenstagsfeier wie der katholische Niederbayer), ob aus Ost- oder Westdeutschland (wird Jugendweihe oder Konfirmation gefeiert?). Unterschiede gibt es auch zwischen Stadt und Land: In ländlichen Gegenden wird jeder runde Geburtstag mit der ganzen Verwandtschaft gefeiert. Da ist klar, wer eingeladen werden muss, da steht fest, was zum Fest gehört: ob Schweinebraten oder Geburtstagstorte. In Familien, in denen die Familienmitglieder weit verstreut leben, haben sich solche Traditionen aufgelöst. Hier wird im kleinen Familienkreis gefeiert oder dem Freundeskreis kommt eine besondere Bedeutung zu. Erst mit den Kindern wird uns richtig bewusst, dass wir möglicherweise aus sehr unterschiedlichen Familien stammen. Was aber tun, wenn der eine für seinen Familienanhang schwärmt, der andere sich aus Großfamilienfeiern nichts macht oder sie gar ablehnt?

Bei Familienfeiern können wir erkennen, inwieweit wir uns bereits aus dem Elternhaus abgelöst haben. Fühlen wir uns als Sohn oder Tochter vorrangig der elterlichen Tradition verpflichtet und feiern Feste, »weil es sich so gehört«? Oder sind wir bereits eigenständige Erwachsene geworden, die mit dem Partner eine eigene Festkultur entwickeln, in der die Familienrituale beider Partner Platz haben?

Paare, die mit ähnlichen Traditionen aufgewachsen sind, haben es hier zunächst leichter. Sie feiern die Feste, so wie es Brauch ist – ob sie mit dem Brauchtum glücklich sind, bleibt dabei noch offen. Paaren, die aus unterschiedlichen Traditionen stammen, wird das Fremde beim anderen eher deutlich, vielleicht sogar schmerzlich bewusst. Sie haben jedoch schneller die Chance, eigene Familienrituale zu entwickeln. Wenn Sie möchten, dass Ihre Kinder eines Tages begeistert von Ihren Familienfeiern erzählen, dann tauschen Sie sich aus, was für Sie beide als Eltern unbedingt zu einem gelungenen Fest gehört. Kinder spüren, ob Sie mit ganzem Herzen dabei sind oder nur aus Verpflichtung den Festtag managen. Wenn Sie beide sich einig sind, was Sie für wichtig erachten, dann haben Sie auch die Kraft, dies Ihren Eltern und Verwandten gegenüber zu vertreten.

Vielleicht entsteht dabei ein unkonventioneller Kompromiss, der Ihrem Bedürfnis und den familiären Erwartungen gerecht wird. Dazu eine kleine wahre Geschichte:

Unser schönstes Weihnachtsfest

23. Dezember 1990. Wir hatten unsere dreijährige Tochter soeben aus dem Kindergarten abgeholt und betraten nun zu dritt die Wohnung. Der Gang war dunkel und es roch nach Tannengrün. Durch die Glastür zur Küche schien gedämpftes Licht. Unsere Tochter schaute uns fragend an, ging an unseren Händen in Richtung Küche und öffnete vorsichtig die Tür. Drinnen stand hell erleuchtet ein kleiner Christbaum. So hatte Weihnachten noch nie begonnen! Keine Kirche, kein Klavier, kein Festessen, nur Kerzen und Tannenduft. Unsere Tochter begann Weihnachtslieder zu singen, wir stimmten mit ein, dann holte sie Trommeln, Rasseln und das Tamburin und wir tanzten durch die Küche, bis uns warm wurde. Danach setzten wir uns unter den Christbaum und lasen die Kinder-Weihnachtsgeschichte »Hannah an der Krippe«.

Weil wir die verwitwete Oma an Heiligabend nicht allein lassen wollten, hatten wir mehrere Jahre das Weihnachtsfest bei ihr gefeiert – nach ihren Wünschen, nach ihrer Gewohnheit. So war es auch in diesem Jahr – wie üblich am 24. Dezember mit Christmette und Weihnachtsgans – aber unser Heiligabend hatte einen Tag zuvor stattgefunden. Unser erstes Weihnachtsfest zu dritt! (Eva Tillmetz)

Noch zwei Aspekte, wenn Eltern Familienfeiern vorbereiten: Feste wie Weihnachten oder Geburtstag rufen viele *Erinnerungen* in uns wach, Erinnerungen an eigene Kindertage – glückliche, traurige, lustige oder auch ärgerliche Erinnerungen. Ohne dass wir es wollen, können uns auf einmal mächtige Gefühle an so gefühlsschwangeren Festen wie Weihnachten überrollen. Der eine träumt sich ganz selig weg, wenn es nach Plätzchen und Tannen duftet. Glückliche Erinnerungen erzählen wir leicht den eigenen Kindern weiter. Manch einer trägt aber auch traurige oder verzweifelte Festtagserinnerungen mit sich: wenn beispielsweise die Eltern immer an Weihnachten stritten oder das Fest mit einem Todestag in der Familie zusammentraf. Eltern ermöglichen ihren Kindern fröhliche Feiern, wenn sie sich zunächst zu zweit über solch schwere Kindheitserlebnisse austauschen und ein wenig davon auch ihren Kindern erzählen. Dann verstehen die Kinder, weswegen die Mama so eigenartig hektisch ist oder der Papa ungewohnt still reagiert. Erzählen erleichtert und schafft Raum für neue Erlebnisse – dann werden eines Tages viele schöne Feste mit den eigenen Kindern die Erinnerung an schwere Kindertage aufwiegen.

Ein letzter, besonders intimer Aspekt: Feste im Jahreskreis haben oft einen *religiösen Hintergrund*. Je nachdem, welche Bedeutung die Religion im Leben der Eltern hat, können religiöse Riten wie Gottesdienst oder Segensgebete fruchtbarer Boden oder ein Feld mit Tretminen sein. Teilen beide Eltern dieselben religiösen Vorstellungen, fällt es ihnen leicht, diese auch an ihre Kinder weiterzugeben. Gibt es in Glaubensfragen Differenzen, ist es hilfreich, wenn sich zuerst einmal die Eltern offen, mit gegenseitiger Achtung und Toleranz über die unterschiedlichen Auffassungen austauschen. Beispielsweise: Was bedeutet Weihnachten für dich? Bei interreligiösen Ehen: Was bedeutet Chanukka (jüdisch) oder Ramadan (muslimisch) für dich? Glaubensgespräche sind heute in vielen Beziehungen mindestens so tabuisiert wie vor drei Generationen Gespräche über Sex. Wenn Eltern den Mut haben, sich über solch intime Themen auszutauschen, bekommen religiöse Feste Tiefgang und die Kinder erfahren, dass Eltern respektvoll mit unterschiedlichen Glaubensauffassungen umgehen können.

Eltern-Teamwork

Damit das Fest gelingt!

- Besprechen Sie, welche Feiern in den nächsten Monaten anstehen. Entscheiden Sie, welche Feste Sie besuchen, zu welchen Feiern Sie selbst einladen wollen. Wenn *Sie* Regie führen, kann dieses Fest ein fröhliches Gesicht bekommen.
- Verteilen Sie organisatorische Aufgaben frühzeitig. Wer lädt wen ein? Wer übernimmt die Einkäufe? Wer richtet die Wohnung her? Wer kümmert sich um welche Gäste während des Festes? Wer bereitet für Kinderfeste Spiele vor?
- Wünschen Sie sich Änderungen für Familienfeiern, kümmert sich jeder von Ihnen beiden um seine eigene Verwandtschaft. Als Schwiegertochter oder Schwiegersohn haben Sie schlechte Karten! Als Sohn oder Tochter

können Sie Ihren Leuten klar machen, dass Sie als junge Familie Ihren eigenen Weg finden wollen und Alternativen anbieten. Da Sie die Traditionen kennen, wissen Sie, wie Sie auch mal ein Nein setzen können, ohne zu verletzen.

- Lassen Sie sich von anderen Familien nicht unter (Kosten-)Druck setzen. Überlegen Sie gemeinsam, welche Ausgaben unbedingt nötig sind, damit das Fest gelingt, und welche Kosten Sie getrost sparen können. Weniger ist oft mehr!
- Tauschen Sie sich über die (religiöse) Bedeutung aus, die ein Fest für Sie hat. Je mehr Sie voneinander verstehen, desto leichter fällt es Ihnen, Ihre persönlichen Feste zu gestalten.
- Erzählen Sie einander Ihre Kindheitserinnerungen. Wie haben Sie Weihnachten, Chanukka, Geburtstag, Ostern, Passah oder Sommersonnwende gefeiert? Was haben Sie glücklich, traurig oder verletzend in Erinnerung? Was ist Ihnen heute wichtig, das Sie Ihren Kindern weitergeben wollen?

Wenn Papa und Mama streiten

Wie Eltern ihre Konflikte angehen

»Ich halt das hier nicht länger aus! Immer nur Vorwürfe!«, brüllt Florian. »Dann geh halt, wenn dir alles egal ist«, faucht seine Frau Katja zurück. Diese Sätze aus dem Nebenraum hat Sara im Halbschlaf gerade noch mitbekommen. Sie ist durch ihre laut streitenden Eltern wieder aufgewacht.

Auf keinen Fall sollte Sara diesen Streit mitbekommen! – Das hatten die Eltern sich strikt vorgenommen. Deshalb hatten sie den offenen Streit in Saras Gegenwart vermieden. Ein Streit über einen Konflikt, der schon seit Tagen, seit Wochen, seit Monaten schwelt.

Sosehr sich die meisten Eltern auch um ein harmonisches Familienleben bemühen: Frust und Enttäuschung in der Partnerschaft, aber auch im Zusammenleben als Eltern bleiben nicht aus. (Fast) alle Paare erleben im Laufe der Jahre Krisen, die die Partnerschaft bis in die Grundfeste erschüttern. Weit weg sind die Träume aus der Verliebtheitsphase. Nach anstrengenden Babyjahren wirkt der Alltag oft grau. Manch ein Paar zweifelt in dieser Phase an der gemeinsamen Zukunft.

Von außen wirken etliche Stressfaktoren auf die Partnerschaft ein. Die permanente Überlastung im Beruf, um den Job zu behalten, oder die Angst vor Arbeitslosigkeit bedrohen die Familie. Hat die Frau ihre Berufstätigkeit unterbrochen, stehen die Chancen für den Wiedereinstieg in vielen Fällen schlecht. Das zieht finanzielle Sorgen nach sich, besonders wenn ein Haus oder eine Wohnung abbezahlt werden soll. Da ist ein Streit oft nicht weit.

Stress gibt's auch innerhalb der Beziehung. Selbst bei Eltern, denen Eltern-Teamwork auf weiten Strecken gelingt, brodelt immer mal wieder Ärger über unterschiedliche Ansichten. Man versteht nicht, wie der andere sich »so unmöglich« verhalten kann. Das nervt umso mehr, wenn Sehnsüchte in der Paarbeziehung auf der Strecke bleiben. Wann waren wir das letzte Mal im Kino? Open-Air? Schon lang nicht mehr! Zur mageren Zweierzeit gesellt sich womöglich noch mangelnde Lust bei einem oder beiden. Keine erotischen Highlights mehr, keine Spannung, keine Entspannung. Frust auf der ganzen Linie!

Typisch deutsch? Sind wir solche Jammerer? Mag sein, dass der Tunnelblick auf Probleme vor allem ein deutsches Phänomen ist. Wenn Klagen in Streit umschlägt, zeigt sich bereits erste Kraft: Der Anspruch wird deutlich: Wir müssen etwas bewegen in unserer Beziehung! In »An-spruch« steckt das Wort »an-sprechen«: Paare sprechen – endlich! – an, was zwickt.

Konflikte auszutragen ist enorm wichtig, denn eine Ehe dauert heutzutage durchschnittlich (!) 45 Jahre – wenn sie nicht geschieden wird. Das ist dreimal so lang wie noch vor 100 Jahren! Als Paar sind wir also immer wieder gefordert, auf schwierige Entwicklungen zu reagieren und nach guten Lösungen zu suchen. Wenn ein, zwei, drei Kinder eines Tages das Haus verlassen, stehen einem Paar noch gute 20 Jahre bevor. Das ist rund ein Vierteljahrhundert, das sie jenseits der Familienphase zu zweit verbringen könnten! Wenn ein Paar diese

Zeit genießen will, lohnt es sich, für eine lebendige Partnerschaft zu kämpfen und jetzt schon Konflikte mutig anzugehen!

Häufig bewegen sich Paare in einem doppelten Teufelskreis: Je mehr der Vater beruflich eingespannt ist, desto mehr fühlt sich die Mutter allein gelassen. Je mehr die Mutter über Überlastung klagt, desto mehr zieht sich der Vater in den Beruf zurück. Dieser Teufelskreis in der *Eltern*beziehung geht in der *Paar*beziehung bald in die zweite Runde: Je öfter sich die Frau allein gelassen fühlt, desto mehr zieht sie sich sexuell zurück. Je mehr sie sich als Partnerin entzieht, desto weniger fühlt sich der Mann daheim gefragt. Je mehr er sich als Mann ignoriert fühlt, desto weniger ist er bereit, seine Frau emotional zu halten.

Wenn Eltern aus solch einem Kreislauf rauskommen wollen, sollten sie zwischen Paar- und Elternbeziehung unterscheiden. Denn beide Beziehungen brauchen auf ihre Weise Zeit und Energie, um über Jahrzehnte Bestand zu haben.

Ein paar grundsätzliche Lösungen heißen hier:

- Nehmen Sie sich regelmäßig eine Auszeit als *Paar*. Babysitter sind keine Luxusgüter für Eltern, sondern absolut überlebensnotwendig, denn Mann und Frau entdecken sich erst wieder als Paar, wenn sie nicht in der Elternverantwortung stehen.
- Nehmen Sie sich regelmäßig Zeit für Gespräche über die Verteilung der *Eltern*aufgaben: Wer trägt wann was zum Familienleben bei? Stimmt die berufliche Aufteilung noch? Gibt's genügend Freizeit für jeden allein?
- Scheuen Sie sich nicht, für die Betreuung Ihrer Kinder Unterstützung zu holen, damit Sie mehr Freiraum haben: für Paar-Zeiten und für Berufsmöglichkeiten. Wenn Ihre Kinder wählen könnten, würden sie sicher sagen: lieber Ganztagskindergarten als permanenter Beziehungsstress und Trennungsangst. Lieber für begrenzte Stunden einen Babysitter als für immer getrennte Eltern.

Vielleicht wenden Sie jetzt ein: »Gerade das Reden fällt uns inzwischen so schwer! Haben wir das verlernt?«

Zum einem: Es ist tatsächlich eine Kunst, über Jahre als Paar miteinander im Gespräch zu bleiben. Frisch verliebt haben Sie womöglich Nächte lang miteinander diskutiert. Zum anderen: Sie haben nicht das Reden verlernt, sondern Sie haben inzwischen ganz andere Themen gemeinsam zu bewältigen! Ihre Liebe hat sich gewandelt. Aus der einst romantischen Verliebtheit ist inzwischen eine Beziehung geworden, die getragen wird von einer anderen Form der Liebe: Sie ist alltagserprobt. Sie haben miteinander ein gemeinsames Leben mit Kindern aufgebaut! Das sind Lebenswerte, die auch noch in 50 Jahren zu Ihnen gehören. Auf das zu blicken, was Sie bisher schon geschaffen haben, gibt Kraft – tun Sie's öfters!

Damit Ihre Liebe auch im Alltag Bestand haben kann, brauchen Sie Lösungen für die täglichen Probleme. Überlegen Sie für sich:

- Können Sie Dinge offen ansprechen, die Sie stören?
- Gelingt es Ihnen, Schwierigkeiten anzusprechen, ohne Ihren Partner / Ihre Partnerin zu verletzen?
- Drücken Sie Ihre Wünsche so deutlich aus, dass Ihr Partner / Ihre Partnerin Sie wirklich hört?
- Wissen Sie, was Ihren Partner / Ihre Partnerin beschäftigt? Können Sie ihm / ihr gut zuhören?

Wenn ja – Gratulation! In Sachen Kommunikation sind Sie bereits Profis! Wenn nein – dann geht es Ihnen wie so vielen. Nur wenige von uns haben von zu Hause Gesprächsfertigkeiten mitbekommen, die ihnen in Ehekonflikten wirklich helfen. Doch Sie können offene Kommunikation trainieren.[23] Dafür gibt es in jeder größeren Stadt Wochenendseminare für Paare,[24] die hilfreiche Regeln vermitteln: wie man bewusst zuhört und seine eigenen Wünsche aktiv einbringt; wie man

Konflikte schnell auf den Punkt bringt und langfristige Lösungen findet. Je schneller Sie sich aus unergiebigen Diskussionen und unnötigen Verletzungen befreien, desto mehr Kraft bleibt Ihnen, um wieder Ihr Glück zu spüren – und desto mehr Chancen hat Ihre Liebe.

Kommunikationsprobleme können aber auch tiefere Ursachen haben. Wenn jemand emotional zu sehr gefangen ist, helfen ihm Kommunikationsregeln allein nicht weiter. Anhaltender Stress belastet eine Beziehung. Psychische Belastungen aus der Kindheit können inneren Stress auslösen. Dazu ein Beispiel aus der Paarberatung:

Eine Frau zieht sich von ihrem Mann zunehmend zurück. Manchmal fühlt sie richtigen Hass ihm gegenüber. Besonders wenn er seiner Tochter versprochen hat, rechtzeitig daheim zu sein, und er dann doch später kommt. Der Mann versteht überhaupt nicht, was geschehen ist. Er meint, er verhalte sich wie immer. In der Beratung entschlüsselt die Frau ihre übermächtigen Gefühle, die ihr Mann derzeit zu spüren bekommt. Sie war drei Jahre alt, als ihr eigener Vater von zu Hause auszog. Heute ist ihre Tochter drei. Der Schmerz, den die Frau als Dreijährige empfand, wird durch die eigene Tochter reaktiviert.

Die Frau in diesem Beispiel verteidigt nicht nur ihre Tochter, wenn sie auf sein pünktliches Heimkommen pocht, sondern erlebt unbewusst eigene Ängste. Ihre verletzte Kinderseele reagiert verzweifelt. Über die Beratung spürt die Frau und erkennt der Mann, wohin die übermächtigen Gefühle gehören. Erst durch die Unterscheidung zwischen dem damaligen Drama und der heutigen Situation kann das Paar wieder ins Gespräch kommen. Jetzt helfen den beiden auch Gesprächsregeln wieder weiter.

Wenn Sie merken, dass Sie seit längerem mit Problemen kämpfen, suchen Sie eine Paarberatung auf. Mit professioneller Hilfe finden Sie Wege aus vertrackten Teufelskreisen und aus alten Stressmustern[25] heraus. Frühzeitige Paarberatung ist kein moderner Luxus, sondern aktives Konfliktmanagement, damit Sie als Eltern Ihren Kindern lang erhalten bleiben und als Paar glücklich leben.

Zurück zur Anfangsszene: Was ist jetzt mit Sara, die noch immer verängstigt in ihrem Bett liegt? Bleibt sie liegen oder kommt sie aus ihrem Zimmer raus? Hat sie den Mut, sich zu zeigen? Das wird wesentlich davon abhängen, ob Sara schon mal erlebt hat, wie ihre Eltern sich wieder versöhnen.

Verständlicherweise wollen Eltern die Kinder von ihren Konflikten fern halten und sie damit schützen. Doch Kinderseelen reagieren wie Seismografen: Sie bekommen jede Spannung zwischen den Eltern mit und reagieren darauf – mit Ängsten, mit eigenen Aggressionen, mit Rückzug. Kinder spüren, wenn der Haussegen schief hängt – leugnen oder verheimlichen bringt gar nichts. Kann ein Kind aussprechen: »Meine Eltern haben gerade Zoff«, oder: »Ich will nicht, dass ihr streitet«, geht es ihm besser, als wenn es mit den gefühlten Spannungen allein bleibt. Phantome ängstigen mehr als sichtbare Ungeheuer!

Wichtig ist es, dass Eltern im Auge behalten: Streit zwischen Vater und Mutter macht Kindern immer Angst – egal, ob er offen oder verdeckt ausgetragen wird. Kindergartenkinder wissen, dass Eltern sich trennen können, das erleben sie bei Gleichaltrigen. Kinder ziehen sich oft emotional zurück, wenn sie befürchten, dass die Eltern sich trennen. Die Kinder trauen ihren Eltern dann nicht mehr zu, dass die Eltern sie emotional halten können. Daher ist es wichtig, dass Eltern ihren Kindern die Sicherheit geben, dass sie weiterhin für das Kind da sind. Eltern helfen ihren Kindern, wenn sie ihnen sagen: »Wir streiten und schimpfen zwar, aber wir wollen eine Lösung finden!« Wenn Eltern eine Lösung gefunden haben, sollen das die Kinder natürlich auch erfahren.

Eltern haben mehr Verhandlungsspielraum, wenn sie zu zweit ihre Auseinandersetzung führen. Grundsätzlich ist es sinnvoll, Konfliktgespräche in Zeiten zu verlegen, in denen Eltern durch die Kinder nicht gestört werden. Was Eltern beschäftigt, verstehen die Kinder meist nicht gleich. Erst recht kapieren sie nicht, was beide als Liebespaar umtreibt – das brauchen sie aber auch nicht.

Vermittlungsversuche von Kindern sind keine wirkliche Hilfe, auch wenn sie mit ihrem netten Wesen oder auch mit aggressivem Verhalten den Schlagabtausch zwischen den Eltern unterbrechen. Doch aufgeschoben ist nicht aufgehoben. Ein echter Konflikt braucht eine richtige Lösung – und die müssen Eltern allein finden.

Geht es um Themen, die auch die Kinder betreffen, sei es Ordnung, Freizeit oder Mahlzeiten, können Eltern ihre Kinder zu Konfliktgesprächen hinzuziehen. Zu diesem Zeitpunkt sollten sie allerdings fit sein. Die schlaftrunkene Sara wäre jetzt völlig überfordert. Ihr können die Eltern nur sagen: »Hab keine Angst, wir kümmern uns um unseren Streit und – egal wie wir das schaffen – wir kümmern uns immer um dich.«

Denkanstoß

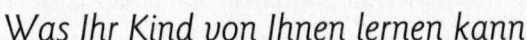

Was Ihr Kind von Ihnen lernen kann

- Ich darf meine Wünsche klar aussprechen – meine Eltern tun das auch.
- Ich will auf die Bedürfnisse der anderen achten – meine Eltern tun das auch.
- Meine Eltern können über ihre Gefühle reden – ich darf es auch.
- Ich bin wichtig, ich werde ernst genommen – weil auch meine Eltern sich gegenseitig ernst nehmen.

Mit den Jahren schauen sich die Kinder ab, wie Eltern Probleme erkennen und wie sie sie lösen. Als Eltern sind wir mit dem, wie wir Konflikte lösen, die wichtigsten Vorbilder für unsere Kinder. Viele Dinge können Kinder von Freunden und Lehrern lernen, ob Fußball spielen, töpfern, lesen oder schreiben. Doch welche Gesprächskultur es in der Familie gibt, wie im Privaten Meinungsverschiedenheiten ausgehandelt werden, lernt ein Kind daheim – das kann niemand sonst so gut den Kindern vermitteln wie die Eltern.

Eltern-Teamwork

Leitfaden für ein konstruktives Konfliktgespräch

1. Wählen Sie einen angenehmen Ort und einen günstigen Zeitpunkt, an dem Sie beide ungestört sind. Legen Sie gemeinsam fest, für welches *Thema* Sie eine Lösung suchen.

2. Zunächst bereitet jeder für sich das Gespräch vor. Dabei helfen folgende Überlegungen weiter:
   - Was ist dabei mein (!) Problem?
   - Ich ärgere mich über ...
   - Ich fühle mich ...
   - Ich wünsche mir von dir ...
   - Ich bin selbst bereit einzubringen ...

   Je konkreter Sie Ihr *Problem* formulieren, desto leichter finden Sie eine Lösung.

3. Sammeln Sie gemeinsam *Lösungsvorschläge*. Lassen Sie zunächst alle Ideen unbewertet stehen.
4. Werten Sie die Möglichkeiten aus: Was ist machbar?
5. Entscheiden Sie gemeinsam einen *Lösungsweg*. Wer wird was dazu beitragen?
6. Legen Sie einen Zeitpunkt fest, an dem Sie überprüfen, ob Ihr gefundener Kompromiss funktioniert hat. Wenn ja – Glückwunsch! Wenn nicht: Was müsste anders gelöst werden?

»Wir schlagen nicht!«

Vom Umgang mit Wut und Hilflosigkeit

Abgehetzt kommt Petra vor dem Kindergarten an und trifft auf wartende Mütter, die sich gerade über ihre anstrengenden Kinder unterhalten. »Ich bin manchmal so am Rande meiner Kräfte«, schaltet sich Petra in das Gespräch ein. »Julian triezt mich dann so, dass mir schon ein paar Mal bei ihm die Hand ausgerutscht ist!«, gibt sie halb ratlos, halb entschuldigend zu. Aus der Runde zieht jemand die Augenbrauen hoch und sagt nur: »Wir schlagen nicht!«

Peng, das ist eine Killerbemerkung! Wer traut sich da noch gegen an, wenn man gerade eigene Schwächen in der Erziehung eingesteht und dann dieses überlegene »Wir schlagen nicht!« kommt! Wer wirklich schlag-fertig ist, könnte gerade noch entgegnen: »Sondern ...?« Hier einen versteckten Unterton rauszuhalten, ist schwer.

Zunächst einmal lässt sich hinterfragen: Was steckt hinter dem Begriff »schlagen«? Körperliche Züchtigung mit Fäusten? Man kann auch mit Worten verletzen oder mit Schweigen Gewalt antun. Ist das eine bessere Alternative für ein Verhalten, das außer Kontrolle gerät?

Selbst wenn wir den körperlichen Aspekt betrachten, gibt es große Unterschiede: Wir können ein tobendes Kind (gegen seinen Willen) festhalten. Wir können ihm einen Klaps geben (der im Gesicht schmerzhafter und verletzender wirkt als auf den Po), oder wir schlagen tatsächlich blindwütig drauflos.

In dem Satz »Wir schlagen nicht!« stecken noch mehr verdeckte Aggression und unklare Vorwürfe. Wer ist denn »wir«? Schlägt die Mutter in der Mehrzahl nicht? Meint sie sich selbst und hält sie ihr eigenes Erziehungsideal bislang durch? Dann könnte sie treffender sagen: »Ich schlage meine Kinder nicht.« Oder meint sie damit den Partner? Was macht der, wenn er wütend oder hilflos wird?

Ist der Ausruf »Wir schlagen nicht!« mit dem Zeigefinger auf die Kinder gemünzt, wenn Bruder und Schwester gerade aufeinander losgehen wollen? Oder ist »Wir schlagen nicht!« ein Familienmotto, das sich wie eine Käseglocke über Situationen legt, die eskalieren könnten? »Wir schlagen nicht!« verneint etwas, lenkt den Blick aber dennoch auf das Schlagen – welche Alternativen haben wir stattdessen? Und können wir diese anders benennen, etwa: »Wir reden, statt zu schlagen«, oder: »Wenn Julian ausrastet, verlasse ich für einige Minuten das Zimmer«?

Wenn Eltern in eine Situation geraten, die sie am liebsten mit einem Klaps beenden würden, sind sie als Erwachsene selbst wütend und hilflos. Wut gehört zur Palette der Gefühle wie Trauer, Schmerz, Freude und Glück. Die Frage ist, wie wir mit dieser Wut umgehen, der vielleicht Unbehagen und Ärger vorausgehen und die das Kind durch seine Wut oder andere übermächtige Gefühle ausgelöst hat. Wir sind gerade in der Maus-Haltung gefangen und finden keinen Ausweg aus der Falle.

Früher gehörte Schlagen zum Repertoire der Züchtigung dazu, elterlicher Jähzorn war gesellschaftlich akzeptiert. Dann kam in den 60er-Jahren mit der antiautoritären Erziehung die Gegenbewegung, die jegliche elterliche Gewalt ablehnte.

Wenn antiautoritäre Eltern aber keinen Einfluss mehr auf ihr Kind hatten, standen sie vor einem Dilemma. Wohin mit der Wut, die das Kind in mir als Erwachsenem auslöst? Sich weit wegbeamen und das Kind ignorieren? So erlebt das Kind Mutter oder Vater als abgewandt und unerreichbar. Solch ein Kontaktabbruch und Liebesentzug ist mindestens so verletzend wie Schläge – also auch keine brauchbare Lösung.

Eltern hinterfragen seitdem ihr Verhalten und suchen nach Wegen, wie sie mit ihrer Wut zurechtkommen, die ein provozierendes Kind in ihnen auslöst. Immer weniger Eltern schlagen ihre Kinder aus Überzeugung und rechtfertigen dies auch noch. Die meisten reagieren im Affekt, und nach der Ohrfeige kriecht ihnen das schlechte Gewissen den Rücken hoch.

In jedem Fall heißt das Schlagen, dass Eltern anders nicht mehr weiterwissen. Die Hilflosigkeit ist mit Schlägen nicht aus der Welt. Das Kind bekommt dadurch keine Lösung angeboten, sondern fühlt sich durch den Schlag verletzt. Eltern mit »schlagenden« Argumenten können einmal einen Blick in die Zukunft riskieren. Was machen Sie, wenn der 15-Jährige provoziert, der schon einen Kopf größer ist als Sie und zurückschlagen könnte? Haben Sie eine Idee, wie Sie in der Pubertät auf Ihr Kind Einfluss nehmen können? Gerade in der Pubertät suchen Kinder Halt bei Gleichaltrigen. Umso wichtiger, dass dann die Beziehung zu den Eltern gut ist.

Bei unsicheren Eltern, denen im Affekt die Hand ausrutscht, entsteht im Nu ein Teufelskreis: Das Kind testet die Stärke der Eltern und provoziert. Daraufhin werden Mutter oder Vater wütend und verlieren die Kontrolle. Dann weint das Kind. Woraufhin Mutter oder Vater Schuldgefühle entwickeln und sich entschuldigen. Schließlich erlebt das Kind seine Eltern als unsicher und damit sind wir wieder am Anfang: Das Kind testet wiederum die Eltern und provoziert erneut.

Wie können Eltern aus solch einem Kreislauf der Hilflosigkeit herausfinden? Die Vorstellung ist sicher verlockend, vor der eigenen Wut wegzulaufen, jetzt ein entspannendes Bad zu nehmen und sich ganz weit wegzuträumen. Leider geht das selten. Aber die Idee, sich zumindest aus der Situation zurückzuziehen und einmal tief durchzuatmen, ist schon mal hilfreich.

Wir können uns angewöhnen, innerlich einen »Pausenknopf« zu drücken, wenn wir uns provoziert fühlen. Elterntrainings wie »Familienteam®« bieten einen klaren Leitfaden an, solch kritische Situationen zu meistern oder die eigene Wut erst gar nicht so weit hochkochen zu lassen. Familienteam® stellt solche Situationen unter das Motto: »Alle Gefühle sind erlaubt, aber nicht jedes Verhalten.«[26] »Alle Gefühle« meint sowohl die Gefühle der Eltern als auch die des Kindes. Beide wuseln wie Mäuse im Käfig der Gefühle. Das bewusst wahrzunehmen, nimmt diesen Gefühlen die erste Wucht. Sprechen wir die Gefühle auch noch mit Nachdruck aus, verlieren sie ihre Übermacht: »Ich bin jetzt sauwütend!«

Als Eltern sind wir nun schneller als das Kind in der Lage, die Situation zu überblicken. Ein Schritt aus dem Mausekäfig herausgetreten, können Eltern sich fragen: Was will ich in dieser Situation erreichen? Was soll mein Kind lernen? Damit begebe ich mich in die Adlerperspektive, bevor ich meine Bärentatze gegen das Kind erhebe.

Wenn Eltern ihr Erziehungsziel wieder klar sehen, haben sie auch die Kraft, auf das Kind zuzugehen und mit direktem Blickkontakt dem Kind genau zu sagen, was es tun soll. Hoppelt der kleine Julian aus unserem Beispiel beispielsweise nervend auf dem Sofa, könnte die Aufforderung mit eindeutigem Tonfall lauten: »Julian, ich möchte die Zeitung zu Ende lesen. Du darfst in deinem Zimmer auf dem Bett hüpfen oder kannst dich neben mich setzen und ein Buch ansehen. Du entscheidest.« Mit diesen beiden Möglichkeiten sprechen wir zwei Erlaubnisse aus und setzen gleichzeitig eine Grenze. Eine ebenso wirksame wie elegante Möglichkeit, nervenaufreibende Situationen zu entschärfen.

> **Selbstbeobachtung** ▼
>
> *Wie bei mir Wut oder Ohnmacht entsteht*
>
> Ohnmächtige Gefühle provozieren ohnmächtige Aktionen. Je schneller Sie Ihre eigenen Gefühle wahrnehmen, desto mehr Handlungsspielraum haben Sie.
>
> Lehnen Sie sich eine Minute zurück und überlegen Sie:
>
> Spüren Sie Ihren Warnsignalen nach. Woran erkennen Sie, dass Sie wütend werden? Beschleunigt sich Ihr Puls? Klopfen die Schläfen? Atmen Sie schneller? Zieht sich Ihr Magen oder Ihr Brustkorb zusammen? Haben Sie hilflose Gedanken? Sehen Sie Bilder vor sich, wie Sie Ihrem Kind hilflos ausgeliefert sind?
>
> Was ist Ihre »Erste-Hilfe-Maßnahme«? Durchatmen? Aufstehen? Kurz den Raum verlassen? Hände auf den Bauch legen? Ein paar Meter gehen?
>
> Je früher Sie voraussehen, dass Sie hilflos werden, umso eher können Sie reagieren.

Eigentlich möchte man meinen, dass zwei Eltern den Erziehungsalltag leichter in den Griff bekommen als einer allein. Das Gegenteil ist der Fall. Häufig blockieren sich Eltern gegenseitig – besonders wenn Wut ins Spiel kommt. Selten tun dies die Eltern ganz bewusst und willentlich, wie folgendes Beispiel zeigt:

Der fünfjährige Max hat im Flur seine Schuhe liegen gelassen – nicht zum ersten Mal. Seinem Vater Christoph platzt jetzt der Kragen und er brüllt seinen Sohn an: »Räum sofort deine Schuhe auf! Ich hab's dir schon oft genug gesagt!« Mutter Margit geht dazwischen: »Nun sei doch nicht so hart mit ihm!« – obwohl sie sich genauso jeden Tag über die herumliegenden Kinderschuhe aufregt.

Beide Eltern sind sich im Grundsatz – auf der Adlerebene – einig: Die Schuhe gehören aufgeräumt. Nur läuft in der Praxis das Tun (Bär) auseinander, weil Christoph und Margit ihren Gefühlen folgen, und die sind unterschiedlich.

Christoph möchte seinen Sohn zur Ordnung erziehen. Klappt das wiederholt nicht, wächst beim Vater die Angst, dass sein Einfluss auf den Sohn schwindet. Innerlich wird Christoph unsicher und zugleich wütend: Je weniger er sich auf seine Autorität verlassen kann, desto mehr wird er als Vater nach außen autoritär. Diese Spirale verstärkt sich im Beisein seiner Frau noch, denn er fürchtet, dass er bei einem Anpfiff keine Unterstützung von ihr erhält. Sie könnte ihn vor dem Kind bloßstellen, und das untergräbt seine Autorität völlig. Dies macht ihn noch wütender und seine Reaktion noch schärfer.

Margit erlebt diese Situation ganz anders. Wenn ihr Mann laut wird, klingeln bei ihr alle Alarmglocken. Margit will um Gottes willen jede Eskalation vermeiden. Sie fällt in die Rolle der Verteidigerin, wenn ihr Mann losdonnert. Ihr Ziel, Max zur Ordnung zu erziehen, ist in diesem Augenblick nach hinten gerutscht.

Wenn Margit sich schützend vor ihren Sohn stellt, verteidigt sie wahrscheinlich nicht nur ihn, sondern auch sich selbst als Kind. Sie identifiziert sich mit dem angeklagten Kind. Wurde sie selbst geschlagen und fürchtet sie sich davor? Haben ihre Eltern viel gestritten? Oder haben ihre Eltern um jeden Preis Harmonie aufrechterhalten, die es jetzt zu verteidigen gilt? Bei Margit werden Kindererinnerungen wach – bei Christoph womöglich auch.

Sohn Max hat kurzfristig Erfolg: Er muss jetzt nicht aufräumen, und wenn doch, fühlt er sich stärker. Er hat mit seinem Testen die Eltern verunsichert und ihre verletzten Kinderseelen bloßgelegt. Jetzt retten sie sich in die jeweilige Überlebensstrategie: Vater brüllt und Mutter beschwichtigt. Im Moment hat der Sohn seine Eltern als schützende, Halt gebende Eltern verloren. Er wird bei der nächsten Gelegenheit wieder testen, ob sie ihn sicher halten. Wieder ein Teufelskreis, den in diesem Fall die Eltern gegenseitig anheizen.

Jeder von uns Eltern bringt Erfahrungen aus der eigenen Kindheit mit – die sind mal hilfreich, mal eher hinderlich. Dass in uns solche Ängste stecken, ist normal. Es hilft uns sogar, in Notsituationen zu einer Überlebensstrategie wie Brüllen oder Beschwichtigen zu greifen. Die ist bei einem Luftangriff oder Erdbeben durchaus sinnvoll, aber in der Kindererziehung nehmen sie uns die Kraft.

Vertrackt sind Situationen, in denen beide Eltern aus Adlersicht dasselbe Ziel verfolgen, aber in der Umsetzung unterschiedliche Vorstellungen haben, beispielsweise:

Ein fürsorglicher Partner hält es schwer aus, wenn das Kind sich mühsam Kleidung und Schuhe anzieht, und nimmt ihm das ab. Das lässt den anderen verzweifeln, der das Kind doch bitte manches selbstständig tun lassen möchte. Oder: Obwohl beide Eltern Süßigkeiten mit Regeln begrenzen, unterläuft der Nachgiebige die eigene Regel. Das bringt den Partner schnell in Rage und in einen Gefühlsausbruch, der ihm selbst wahrscheinlich nachher Leid tut.

Viele Situationen zwischen Vater, Mutter und Kind laufen dadurch aus dem Ruder, dass sich ein Elternteil einmischt, während der andere mit dem Kind (ver-)handelt. Kann passieren! Zur eigenen Ehrenrettung: Eltern begeben sich nicht freiwillig in diese Teufelskreise.

Ein paar Ideen, wie Sie sich in Zukunft besser unterstützen können:

- Wenn einer von Ihnen etwas mit dem Kind zu klären hat, dann zieht sich der andere bewusst zurück. Dadurch haben Sie beide mehr Freiheit und das Kind kann auf Mama *oder* Papa reagieren.
- Wenn Sie eine Auseinandersetzung mit Ihrem Kind haben, halten Sie den Partner draußen und bringen Sie den Konflikt allein zu Ende. Sie dürfen Ihrer eigenen Stärke trauen und brauchen nicht anfügen: »Papa / Mama sieht das auch so.« Ihr Wort ist ausreichend. Das Kind spürt die stillschweigende Rückendeckung des anderen Elternteils sowieso.
- Wenn Sie in dieser Situation anders handeln würden als Ihr Partner, besprechen Sie dies beim nächsten Elterngespräch. So erlebt Ihr Kind Sie beide als sichere Eltern, die ihm den nötigen Halt geben.

Eltern-Teamwork

Wege aus Wut und Hilflosigkeit

Tauschen Sie Ihre Erfahrungen aus: Was tun Sie, wenn Sie sich gegenüber Ihrem Kind hilflos fühlen? Was hilft Ihnen in anderen Lebensbereichen, wieder zur eigenen Kraft zu finden: im Beruf, gegenüber Ihren eigenen Eltern, gegenüber Nachbarn und Freunden? Welche Strategien können Sie in die Erziehung Ihrer Kinder übernehmen?

Fragen Sie Ihren Partner, wie er seine Wut erkennt und was ihm hilft, mit seiner Wut zurechtzukommen.

Sammeln Sie Ideen für Situationen, wenn Ihr Kind das nächste Mal testet (den Anorak ins Eck wirft, die Schwester schubst etc.). Wie wollen Sie dann reagieren? Wie kann Ihr Partner Sie unterstützen?

Zoff im Kinderzimmer

Geschwister schlagen und vertragen sich

»Mama, der Daniel hat mir meine Eisenbahn kaputtgemacht!«, schreit Michael lauthals aus dem Kinderzimmer. Nach wenigen Sekunden Stille folgt ein herzzerreißendes Heulen. Der kleine Daniel rennt in die Küche und rettet sich schluchzend in Mutters Arme. »Mama, der Micha hat mich gehauen ...«

Gerade noch waren die Geschwister friedlich ins Spiel vertieft, jetzt stehen erst ein schluchzender und dann zwei wütende kleine Kampfhähne in der Küche. Eine Situation, die Eltern stresst.

Warum? Am liebsten würden Eltern schlichten. Streit auszuhalten fällt schwer. Kinder streiten anders als Erwachsene: lauter, heftiger, sie werden handgreiflich. Ein Streit mit Heulen, Stampfen oder Schlägen würde Erwachsene als Freunde oder als Partner auseinander treiben. Unter Geschwistern gehört eine gewisse Rangelei dazu: Sie stecken ihr Revier ab, lernen eigene Interessen durchzusetzen, sich unterzuordnen oder üben zu teilen. Wenn junge Streithähne zu ihren Eltern kommen, zeigt das: Sie kommen allein nicht mehr klar, sie brauchen Unterstützung.

Sehr schnell verlagert sich der Konflikt um eine Sache, die kaputte Eisenbahn in unserem Beispiel, hin zu einem Streit um elterliche Aufmerksamkeit. Wen tröstet die Mutter, wem gibt sie Recht? Wenn jetzt die Beziehung zur Mama in den Vordergrund tritt, entsteht zwischen den Geschwistern der eigentliche Konkurrenzkampf: Nimmt sie die Aufforderung an, hier den Schiedsrichter zu spielen?

Die Kinder kommen mit zwei Anliegen: Sie suchen erstens einen Weg, wie sie weiterspielen können. Zweitens will jedes Kind sicher wissen, dass Mama (oder Papa) es lieb hat und zu ihm hält.

Wie können Eltern in dieser Situation sinnvoll reagieren? Wenn der Streit zwischen den Geschwistern bereits eskaliert ist, hilft es, in der *Maus*-Haltung auf die Gefühle beider Kinder einzugehen. Den Großen schmerzt, dass seine Eisenbahn kaputt ist. Er hat womöglich Angst, dass die Mama ihn schimpft, weil er seinen Bruder geschlagen hat. Der Jüngere hat Dresche für sein Verhalten bekommen und sucht Trost.

Gar nicht so einfach, hier gefühlsmäßig die Balance zu halten. Wie leicht steht uns Eltern ein Kind und dessen Gefühl näher! Beide Kinder verdienen aber Aufmerksamkeit. Eltern entlasten sich und ihre Kinder, wenn sie jedes Kind wertfrei anhören. Wenn Kinder merken, dass sie ihren Kummer loswerden können, ohne gleich Sanktionen zu befürchten, ist die Hälfte des Dampfes schon abgelassen und der Streit hängt niedriger.

Unterstreichen können Eltern diese »Allparteilichkeit«, wie es Familientherapeuten nennen, durch die Körperhaltung: Suchen Sie Blickkontakt und halten Sie gleichen Abstand zu beiden Geschwistern. Hat ein Geschwisterkind sich schon auf den Schoß von Mama oder Papa gesetzt, achten Sie darauf, dass das andere Kind die gleiche Nähe erfährt. Akzeptieren die Kinder diese Nähe nicht, stehen Sie auf und wählen einen gleich weiten Abstand zu beiden: Das drückt Fairness aus.

Um den sachlichen Streit zwischen den Geschwistern zu lassen, können sich Eltern unwissend stellen. Sie wissen ja wirklich nicht, was geschehen ist. Sie können sich erst einmal erklären lassen: »Was ist denn passiert?« Ist dann klar, was vorgefallen ist, können die Eltern die Kinder mit der Frage ermutigen: »Was bräuchtet ihr, um weiterspielen zu können?«

Signalisieren Sie Interesse, aber mischen Sie sich wenig ein! So bieten Sie Ihren Kindern einen Weg an, wie sie den Konflikt selbst lösen lernen. Bewusstes Raushalten aus dem Geschwisterstreit ist keine Ignoranz! Im Gegenteil: Unwissen schützt vor Vorurteilen.

Begeben wir uns einmal in die Adlerperspektive und überlegen: *Wozu dient Streit und was lernen Geschwister dabei?*

Solange Geschwister unter sich sind, lernen sie den ungestörten Umgang miteinander: beim Spielen und Nachahmen, durch Abgrenzen oder Raufen. Sie lernen also die *Kooperation*: eine Fähigkeit, die sie als Erwachsene ein Leben lang brauchen werden – im Beruf wie in der Partnerschaft. Vergleichen Sie mal die Zeiten des friedlichen Zusammenspiels heute mit denen von vor einem Jahr!

Kinder erleben dabei Grenzen. Der Große testet: Bei was kann mein kleiner Bruder schon mitspielen? Wofür ist er noch zu klein? Was darf er anfassen? Was muss ich von ihm fern halten? Und aus der Sicht des Jüngeren: Was kann ich mir von meinem großen Bruder abschauen? Was übersteigt meine Kräfte? Was traut er mir schon zu? Was verbietet er mir?

Wie oft reagieren wir als Eltern erst, wenn Kinder streiten! Achten Sie die nächste Zeit bewusst darauf, wann Ihre Kinder friedlich miteinander umgehen. Je mehr Kinder diese positive Aufmerksamkeit erhalten, umso häufiger gelingt ihnen die Kooperation!

Auch im Streit lernen Geschwister viel voneinander: Sie versuchen in jedem Streit aufs Neue, *eigene Interessen zu vertreten,* und erfahren, dass auch das Geschwisterkind mit seinen Interessen dagegenhält. Ein Kind merkt dann, dass dem anderen bestimmte Dinge wichtig sind, die er verteidigt, und es lernt, *fremde Interessen zu achten*.

Geraten Kinder im Spiel aneinander, müssen sie lernen, wie sie wieder miteinander zurechtkommen – einlenken, sich versöhnen und friedlich weiterspielen. Geschwisterkinder können so schon zu einem sehr frühen Zeitpunkt Konfliktlösung lernen – anfangs brauchen sie dabei noch unsere Unterstützung.

Manchmal *drücken* Kinder mit ihrem Streit auch eine *Spannung aus*, die sie in der Familie spüren. Schwelt ein Konflikt zwischen den Eltern, streiten Geschwisterkinder ungleich häufiger. Kinder halten emotionale Spannung noch nicht so leicht aus wie Erwachsene. Was Eltern an Wut zurückhalten, tragen dann Geschwister stellvertretend aus. Geschwisterkinder haben damit ein Ventil, das Einzelkindern fehlt. Einzelkinder können höchstens Bote zwischen den Eltern spielen oder vor den Spannungen zu Nachbarskindern fliehen.

Geschwister haben auch *Spaß* am Kämpfen und Raufen. Beobachten Sie mal Welpen, wie die balgen und nacheinander schnappen, ohne sich ernsthaft zu verletzen! Diese spielerische Luchs-Seite des Streits ist uns Erwachsenen abhanden gekommen. Körperlich messen wir uns in deutlich abgegrenzten Räumen: in Wettkämpfen, beim Sport – und im übertragenen Sinne womöglich im Straßenverkehr.

Welche Streitregeln innerhalb der eigenen vier Wände gelten, legt jede Familie für sich selbst fest. Damit Kinder ihre Konflikte lösen lernen, brauchen sie von den Eltern klare Vorgaben: Dürfen sie zur Verteidigung Zähne fletschen, stampfen oder brüllen? Dürfen sie schubsen, den anderen kneifen? Dürfen sie den anderen aus dem Zimmer schicken und sich selbst darin einsperren? Gibt es vereinbarte Stoppworte, zum Beispiel »Nein!«, »Finger weg!«, »Ich will das nicht«, »Geh raus!«?

> **Eltern-Teamwork**
>
> *Streitfragen*
>
> Überlegen Sie kurz:
>
> Wie dürfen Ihre Kinder streiten? Wie dürfen sie ihre Wut ausdrücken?
>
> Wo dürfen sie das? Welche Mittel sind erlaubt?
>
> Entwickeln Sie für Ihre Kinder »Handwerkszeug« zum Lösen von Konflikten.

Zettelt ein Kind besonders häufig Streit an, zeigt es damit, dass es sich in seiner Position in der Familie nicht wohl fühlt. Dieses Kind wünscht sich mehr oder auch andere *Aufmerksamkeit* von den Eltern. Durch Streiten erhält dieses Kind zwar Beachtung, doch sie ist negativ. Je mehr es seine Geschwister gegen sich aufbringt und die Eltern es tadeln, desto mehr verfängt sich das Kind in einem unguten Teufelskreis. Um besser zu verstehen, welches Bedürfnis ein Kind antreibt, werfen wir einen Blick auf die verschiedenen Geschwisterpositionen.

Kinder verhalten sich unterschiedlich, je nachdem, ob sie das älteste, ein mittleres oder das jüngste Kind sind. Je nach Geschwisterposition gehen sie anders mit Konkurrenzdruck um. Zwar können Eltern Geschwisterstreit nicht grundsätzlich verhindern, sie können aber darauf achten, dass jedes Kind sich in seiner Position wohl fühlt. Damit schwächen sie die Geschwisterkonkurrenz ab.

Das *Älteste* erlebt sich zu Beginn als einziges Kind. Es hat nur Erwachsene als große Vorbilder – und wird sich ein Leben lang an ihnen orientieren. Da der Vergleich mit Erwachsenen für ein Kind viele Schuhnummern zu groß ist, setzen sich Erstgeborene unter großen Leistungsdruck. Kommt ein zweites Kind, muss das Erstgeborene die »Entthronung« als Nummer eins verkraften. Das gelingt unterschiedlich gut, je nachdem, inwieweit es auf das nächste Kind vorbereitet wurde und die Eltern ihm weiterhin Zeit und Zuwendung geben. Verstärkt wird die Konkurrenz durch engen Altersabstand, durch das gleiche Geschlecht und wenn nur eine Bezugsperson da ist.

- Vermeiden Sie Sprüche wie »Sei *du* doch vernünftig« oder »Gib ihm halt das Spielzeug – er ist doch noch so klein!« Das erzeugt nur noch mehr Geschwisterneid.
- Älteste sind schnell eifersüchtig, wenn die jüngeren Geschwister sich an Mama oder Papa anschmiegen. Achten Sie darauf, dass das Älteste genauso viel Körperkontakt bekommt.
- Eltern sollten mit der Verantwortungsübergabe vorsichtig umgehen, da Älteste dazu neigen, sich zu überfordern. Wenn sie schon auf jüngere Geschwister aufpassen, dann nur für begrenzte Zeit.
- Eltern entlasten das Erstgeborene, indem sie auf die Gefühle ihres großen Kindes achten und ihm Zeit geben, zwischendurch ganz klein sein zu dürfen. Entspannend wirkt Kuscheln, Rumalbern oder auch Rangeln. Dadurch spürt das Älteste: Ich werde geliebt.

Das *zweite Kind* wächst vom ersten Tag an mit einer großen Schwester oder einem großen Bruder auf. Es lebt von Geburt an in einer Kinderwelt, in der es zum einen vieles durch spielerisches Nachahmen lernt, zum anderen durch Geschwisterstreit seine Räume absteckt. Vergleiche mit dem Erstgeborenen belasten das zweite Kind. Es kann nicht mithalten.

Kommen weitere Kinder, muss das inzwischen mittlere Kind seine Position in zwei Richtungen hin absichern: Gegenüber dem großen muss es sich behaupten, so klein wie das jüngste ist es nicht mehr. Dadurch, dass die Positionen »groß« und »klein« schon vergeben sind, fürchtet es, nicht genügend beachtet zu werden. Möglicherweise benimmt es sich besonders auffällig, um in dem Wechselbad, mal zu den Großen, mal zu den Kleinen zu zählen, den Kopf oben zu behalten.

- Entlasten können Eltern ihre »Sandwichkinder«, indem sie ihnen bewusst Beachtung schenken. Dieses Kind hat ganz andere Interessen und Neigungen wie Ihr erstes Kind. Schauen Sie genau hin!
- Unternehmen Sie mit ihm etwas allein. Allein mit Papa oder allein mit Mama hat es mal ausreichend Raum, viel zu erzählen und Sie einzeln zu genießen.
- Übertragen Sie ihm eigenverantwortliche Aufgaben. Damit fühlt es sich anerkannt.

Gerade mittlere Kinder brauchen für ihr Selbstwertgefühl die Erfahrung: »Ich bin wichtig, ich bin etwas Besonderes!«

Das *jüngste Kind* ist oft das Nesthäkchen. Es hat nicht nur Papa und Mama, die sich um es kümmern, sondern ein oder mehrere Geschwister, die womöglich um seine Aufmerksamkeit buhlen. Belastend kann es für das jüngste Geschwisterkind sein, wenn die Großen es in der Babyrolle halten wollen: »Ach, schau, wie süß er noch ist!« – dann werden Jüngste leicht wütend. Dem jüngsten Kind lassen die Eltern eher etwas durchgehen. Dadurch zieht das Jüngste den Neid seiner Geschwister auf sich.

- Sie entlasten Ihr jüngstes Kind, wenn es eigene Aufgaben gestellt bekommt, die ihm nicht die Großen abnehmen, sondern die es selbst lösen muss.
- Das Jüngste freut sich, wenn seine Entwicklungsschritte beachtet werden (»Klasse, du kannst schon Rad fahren!«) und ihm Verantwortung übertragen wird (»Das ist dein Meerschwein, und dazu gehört, dass du den Stall sauber machst!«).

Das Jüngste möchte erleben: »Ich werde ernst genommen.«

| Eltern-Teamwork |

Anregung zur Selbst-Reflexion

- Wie bin *ich* aufgewachsen? Als Einzelkind, als wievieltes unter mehreren Geschwistern?
- Wie haben *mich* die Eltern behandelt, gab es Bevorzugung oder Ablehnung?
- Wie war (ist heute) der Kontakt der Geschwister untereinander?

Anregung zum Paar-Gespräch

- Wie bist *du* aufgewachsen? Als Einzelkind, als wievieltes unter mehreren Geschwistern?
- Wie haben *dich* die Eltern behandelt, gab es Bevorzugung oder Ablehnung?
- Wie war (ist heute) *euer* Kontakt als Geschwister untereinander?

Tante Knutsch und (Onkel) Doktor spielen

Von Körperkontakt und Körpergrenzen

Schwungvoll öffnet Mutter Ingrid die Kinderzimmertür – und erstarrt. Verona (4) hat ihr Höschen runtergezogen und ihr Bruder Benjamin (6) spielt »Doktor«: Das Fieberthermometer aus dem Puppenköfferchen hat er ihr in den Po geschoben. Ingrid schließt nach zwei Sekunden die Tür wieder und bleibt verwirrt davor stehen. Warum sie gerade zu den Kindern hineinwollte, hat sie völlig vergessen.

Ein ganzes Bündel von Gründen kommt hier zusammen, weshalb Ingrid zurückzuckt. Etliche Mütter und auch viele Väter reagieren zunächst einmal irritiert, wenn sie das erste Mal erleben, dass sich ihre Kinder für ihren Körper, insbesondere für ihr unterschiedliches Geschlecht interessieren. Was führt zu der Irritation?

Zunächst hat Ingrid, ohne sich viel dabei zu denken, eine Grenze – die geschlossene Kinderzimmertür – überschritten. Dadurch ist sie ohne Vorwarnung in eine für sie unerwartete

Situation geplatzt. Sie spürt im Nachhinein, dass sie in eine Privatsphäre eingedrungen ist – das löst ein mulmiges Gefühl in ihr aus.

Sogleich aber läuten bei ihr die Alarmglocken. Was geschieht da gerade? Ist das gefährlich? Hier erwacht ein Schutzbedürfnis von Eltern, das sie den eigenen Kindern gegenüber haben. Natürlich will Ingrid nicht, dass ihre Tochter sich verletzt. Wenn wir Erwachsenen ein Fieberthermometer verwenden, ist das etwas anderes, als wenn Kinder mit einem Plastik-Nachbau im Genitalbereich »herumdoktern«.

Allerdings würde die Mutter wahrscheinlich nicht so sehr zusammenzucken, wenn der Sohn das Ohr der jüngeren Schwester untersucht hätte. Dabei ist ein Gegenstand im Ohr weitaus gefährlicher als ein Fieberthermometer in Po oder Scheide!

Wahrscheinlich ist sich Ingrid unsicher, wie sie auf die Sexualität ihrer Kinder reagieren soll – wie viele Eltern. Wie sollen sie sexuelle Themen ansprechen? So mancher ist als Kind mit Verboten oder Schweigen aufgewachsen. Dann werden beim Erwachsenen Ängste wach, die ihn selbst betreffen, wenn er Kinder dabei ertappt, wie sie gegenseitig ihren Körper erforschen. Das eigene Schamgefühl meldet sich bei Eltern, wenn sie miterleben oder sich auch nur ausmalen, wie die Kinder ihre Analregion untersuchen, gucken, wie tief eine Scheide oder wie dehnbar der Penis ist.

Da in unserem Fall zwei verschieden alte Kinder beieinander sind, taucht möglicherweise auch die Angst auf, ob das Jüngere zum Vergnügen des größeren Kindes ausgenutzt werden könnte. Vielleicht weiß es sich nicht zu wehren und die Mutter durchzuckt ein kurzer Gedankenblitz, ob hier Missbrauch im weitesten Sinne passiert.

Als Eltern sollten wir all diese Gefühle, die wir in einem solchen Moment erleben, zunächst mal ernst nehmen. Nur wenn wir selbst unsere unangenehmen Gefühle akzeptieren, können wir unseren Kindern glaubhaft vermitteln, dass auch sie ihre Gefühle spüren und angenehme von unangenehmen Gefühlen unterscheiden dürfen. Damit leisten wir bereits einen wichtigen Schritt in Sachen Missbrauchsprävention.

Diese Gefühle haben ihre Geschichte:

> **Eltern-Teamwork**
>
> *Anregung zum Elterngespräch*
> Was haben Ihnen Ihre eigenen Eltern vermittelt?
> - Durften Sie selbst Ihren Körper entdecken?
> - Durften Sie sich nackt zeigen?
> - Wie dachten Ihre Eltern über Körperkontakt und Sinnlichkeit?
> - Durften Sie Ihre Geschlechtsteile berühren, sich selbst streicheln? Oder gab es lautstarke Verbote oder betretenes Schweigen?

Der Blick zurück in die eigene Kindheit lässt Sie spüren, wie stark Eltern ihre Kinder in ihrer psychosexuellen Entwicklung beeinflussen, also welches Bild vom eigenen Geschlecht sie entwickeln, wie sie sich als Mädchen oder Junge fühlen und wie sie Körperkontakt aufnehmen. Je nachdem, was Erwachsene als Kinder gehört und gespürt haben, beschleicht sie in der obigen Szene entweder ein beklommenes Gefühl oder sie können unbefangen darauf reagieren.

Was könnte Ingrid jetzt tun, damit sie nicht auf diesem Erlebnis und den befremdlichen Gefühlen sitzen bleibt?

Früher wäre eine typische Reaktion gewesen, wie ein wütender Bär ins Kinderzimmer zu stürmen und den Kindern das Spielen zu verbieten. Damit würden Eltern ihrer Angst vor körperlicher, seelischer oder moralischer Verletzung Raum geben. In der eigenen Maus-Haltung gefangen, würden sie damit mehr zerstören als klären. Ein Wechsel in die Adlerperspektive ist hier hilfreich: Was will ich als Mutter oder Vater meinen Kindern genau vermitteln? Eltern sind an dieser Stelle oft unsicher, weil ihnen wichtige Informationen fehlen, die sie für ein konstruktives Handeln brauchen.[27]

Doktorspiele, bei denen nicht nur der Hals und der Bauch untersucht werden, sondern auch die Regionen, die sonst durch die Unterwäsche bedeckt sind, sind ein ganz gesunder Ausdruck kindlicher Neugier und wichtiger Teil der psychosexuellen Entwicklung der Kinder. Im Alter zwischen vier und sechs Jahren erforschen alle Kinder ihren Körper und entwickeln dabei ein positives beziehungsweise negatives Körpergefühl – je nachdem, welche Botschaften sie von den Erwachsenen erhalten. Kinder interessieren sich in diesem Alter für die Gemeinsamkeiten und die Unterschiede zwischen Jungen und Mädchen und schauen dabei ganz genau hin. Im Kindergarten vergleichen sie sich mit anderen Mädchen oder Jungen und ahmen sie nach. Das gilt auch für den Geschlechtsbereich: Wie sehen meine Freundinnen oder Freunde nackt aus? Haben sie ein anderes Geschlechtsteil und wie fühlt sich das an? Was machen die anderen eigentlich auf dem Klo?

Die Kinder finden das außerordentlich spannend und denken sich nichts dabei. Bei diesen Entdeckungsreisen wollen Kinder meist nicht von den Erwachsenen beobachtet werden. Wenn sie sich bei diesen Spielen zurückziehen, drücken sie damit ihren Wunsch nach Intimität aus. Wird die kindliche Neugier gebremst, weil Erwachsene sie schweigend oder maßregelnd unterbinden, verstecken Kinder ihre Fragen und verbinden ihre Neugier mit Schuldgefühlen. Das Kind bekommt das

Gefühl, etwas Verbotenes zu tun, ohne recht zu wissen, warum. Wenn aber Kinder in diesem Alter unbefangen miteinander umgehen und auf Entdeckungsreise gehen dürfen, lässt das Interesse an diesen Spielen auch bald wieder nach. Sie wissen dann genügend voneinander und haben einen guten Kontakt zu ihrem eigenen Körper. Nach Doktor- und Vater-Mutter-Kind-Spielen kommt dann ein nächster Entwicklungsschritt, bei dem sich Mädchen und Jungen gegenseitig »doof« finden. Mädchen wie Jungen identifizieren sich dann zunehmend mit dem eigenen Geschlecht, nachdem sie die Unterschiede erforscht haben.

Was könnte Mutter Ingrid noch tun? Ihre Kinder beiderlei Geschlechts sind betroffen. Um herauszufinden, was sie ihrem Sohn und ihrer Tochter vermitteln möchte, kann sie ihrem Mann von dem Erlebnis erzählen: »Du, stell dir vor, ich bin bei Verona reingerauscht und da liegt sie nackt da und Benjamin untersucht sie. Ich habe mich richtig unsicher gefühlt.« Dieser Austausch kann eine Rückversicherung sein: für eigene Unsicherheit, für die Einschätzung und Meinung des Partners, als Vorbereitung für ein gemeinsames Vorgehen bei künftigen Situationen, wenn ihre Kinder Doktor spielen. Denn Benjamin und Verona führen ihren Eltern möglicherweise erstmals vor Augen, dass sie sich mit der sexuellen Entwicklung ihrer Kinder beschäftigen müssen. Ganz gleich, wie die Eltern jetzt reagieren, Einfluss auf die sexuelle Entwicklung ihrer Kinder nehmen sie immer.

Eltern sind im Umgang mit Körperlichkeit und Sexualität das Vorbild Nummer eins für ihre Kinder. Sie vermitteln den Kindern, wie gut sie selbst ihren eigenen Körper kennen und ob sie ihn wertschätzen. Mag die Mutter ihren Körper, findet der Vater seinen Körper attraktiv? Wie reden die Eltern über Sexualität und wie gehen sie mit ihrer eigenen Intimsphäre um? Sperren sie das Klo zu? Laufen sie nackt in der Wohnung herum? Bleibt das Elternschlafzimmer generell zu oder nur, wenn die beiden miteinander schlafen? Wir Erwachsenen schaffen auch ohne Worte und lange Erklärungen ein Gefühl von Privatsphäre, Sinnlichkeit und Körperbewusstsein. Kinder übernehmen das.

Dabei kann der Partner durchaus anders reagieren oder anderer Meinung sein. Das kann am Temperament liegen – so wie einer von ihnen vielleicht impulsiver ist als der andere. Hinzu kommt beim Thema »Sexualität«, dass jeder im Laufe seines Erwachsenwerdens ganz unterschiedliche Körpererfahrungen gemacht hat – lustvolle oder verletzende. Allein dadurch, dass Sie zu Mann oder Frau heranwuchsen, haben Sie schon unterschiedliche Wege der körperlichen Entwicklung beschritten.

Beide Partner haben in ihren verschiedenen Elternhäusern unterschiedlich darauf zu reagieren gelernt. Jede Familie entwickelt ihre eigene Sprache – als Wortschatz oder als Körpersprache. Selbst Verneinen oder Verschweigen ist eine Botschaft, die Kinder hören. Welche Körperteile erhalten einen Namen? Die »Nase«, den »Mund«, das »Ohr«, die kleinen »Kitzelkitzelzehen« lernt bereits das Baby kennen. Schwieriger wird es mit den »Brustwarzen«, der »Scheide«, dem »Kitzler« oder dem »Penis«. Manche Eltern bleiben bei einer Babysprache und sprechen von »Pimmel«, »Pipi« oder »Pullermann«. Auch wenn Körperteile ausgespart werden bei der Benennung und Liebkosung, hat dieser unbewusste Akt dennoch Konsequenzen. Das Kind merkt sich nicht nur »Nase«, »Ohr« oder »Zehen«, sondern speichert, dass es auch einen namenlosen Bereich gibt: einen Bereich, der von Mutter oder Vater weniger intensiv und freudig wahrgenommen, benannt und gestreichelt wird wie andere Körperregionen. Durch Verschweigen, Wegdrücken oder Verbote bekommt die Sexualität eine negative Bedeutung: Sie erhält einen unguten Reiz oder wird als etwas Schamhaftes oder Schmutziges erlebt. Solche Kinder sind darauf angewiesen, sich die Erfahrungen woanders zu holen: in Heftchen, auf der Straße, durch Fäkalsprache oder schmutzige Witze anderer.

> **Eltern-Teamwork**
>
> *Was wir schätzen, können wir schützen*
>
> - Falls Sie wenig Sprache gelernt oder sexuelle Tabus und Verbote im sexuellen Bereich erlebt haben, nützen Sie die Erziehung Ihrer Kinder als gemeinsame Chance! Entwickeln Sie miteinander eine Sprache in der Familie, in der alle Körperteile und alle Handlungen im Liebesleben einen passenden Namen haben.
> - Als Paar haben Sie eine intime Beziehung, die Sie mit Sprache füllen können. Ganz nebenbei mag dieser größere Wortschatz auch Ihr Liebesleben erweitern, denn wer sagen kann, was ihm gut tut, hat einfach bessere Chancen, das auch zu bekommen!
> - Es gibt inzwischen gute Kinderliteratur, um mit Kindern altersgerecht ins Gespräch zu kommen.[28] So geben Sie Ihren Kindern einen wertvollen (Wort-)Schatz für ihr eigenes Körpergefühl und ihr späteres Liebesleben mit.

Sprache schützt auch vor Verletzungen. Wenn Verona und Benjamin ihren Geschlechtsteilen Namen geben können und lernen, ihren Gefühlen zu trauen, werden sie gefahrlos miteinander spielen. Dann weiß Verona sich auszudrücken, wenn irgendetwas schmerzt, genauso wie sie »Stopp« und »Nein« sagt, wenn sie andere Berührungen, beispielsweise beim Raufen, unangenehm empfindet. Und Benjamin hört, wenn seine Schwester so nicht mehr spielen mag. Dann kann er sagen: »So, jetzt bist du Doktor und ich bin krank.« So lange die Kinder sich bei Doktorspielen nicht verletzen, besteht kein Grund einzugreifen. Zur eigenen Sicherheit können Eltern aber ihre Sorge ansprechen: »Passt auf, dass ihr vorsichtig spielt und sich keiner wehtut.« Eine Bären-Haltung, die die Privatsphäre der Kinder respektiert.

Für eine gesunde psychosexuelle Entwicklung der Kinder ist unser Eltern-Teamwork ausgesprochen wichtig. Wir sind die Repräsentanten für Frau- oder Mannsein und wirken damit auf unsere Jungen und Mädchen. Vater und Mutter sind dabei auf unterschiedliche Art wichtig.

Die *Mutter* ist ihrer Tochter körperlich näher. Sie ist in mehrfacher Hinsicht ein Vorbild für das weibliche Geschlecht:

- Die Mutter kann Praktisches erklären, wie: »Die Schamlippen an der Scheide sind so empfindlich wie die Lippen am Mund. Da solltest du mit Seife vorsichtig sein und auch mit Creme sparsam umgehen.«
- Die Mutter ist auch diejenige, die das eigene Wohlgefühl und das Selbstbewusstsein als Frau an ihre Tochter weitergibt. Kann sie zu sich selbst sagen: »Ich mag meinen Körper«, wird das ihre Tochter stärken.
- Als Frau kann sie eher erfühlen, wann und wofür sich ein Mädchen schämt, wann eine Schamgrenze erreicht ist und die Intimsphäre gewahrt werden soll. Damit ist sie die geeignete Ansprechpartnerin.
- Die Mutter kann ihrer Tochter durch ihre eigene innere Einstellung und Körperhaltung vermitteln, wie sie sich gegenüber übergriffigem Verhalten schützen kann.
- Mütter, die hier unsicher sind oder selbst schlechte Erfahrungen gemacht haben, können ihren Töchtern trotzdem vorleben, wie sie sich selbst schützen, schätzen und lieben lernen: Hier sind Kurse in Frauengesundheitszentren hilfreich oder auch Beratungsstellen wie *donum vitae* oder *pro familia* gute Anlaufstellen.

Der *Vater* ist zunächst mal an den eigenen Söhnen näher dran. Seine Art, wie er mit seinem Körper umgeht, wird von den Jungen kopiert. Sie sehen ihn an und erkennen sich selbst – das eigene Geschlecht. Väter sind Vorbild, ob sie wollen oder nicht, ob sie physisch anwesend sind oder nicht – Kinder werden ganz entscheidend vom Vater geprägt und der Art, wie er mit ihnen umgeht.[29]

- Der Vater kennt den männlichen Körper besser. Deshalb kann er auch den männlichen Teil der Aufklärung übernehmen: »Dass der Penis sich manchmal versteift, merkst du bestimmt – morgens nach dem Aufstehen, oder wenn du unruhig oder aufgeregt bist. Das kenne ich auch.«
- Der Vater gibt das eigene Wohlgefühl und das Selbstbewusstsein als Mann weiter. Er vermittelt seinem Sohn, was alles männlich ist: kraftvoll und zart, laut und leise, bestimmt und einfühlsam.
- Über Körperkontakt lehrt er den Sohn, mit seinen körperlichen Kräften umzugehen – und das von der ersten Minute an: vom vorsichtigen Hochheben eines Babys bis zu »herberen« Umgangsformen, wie Fußball spielen im Vorgarten, kumpelhaftes Anrempeln oder auch ein tröstendes In-den-Arm-Nehmen, wenn etwas wehtut.
- Der Vater kann dem Sohn seinen männlichen Körper erklären und ihm zeigen, wie er seinen Körper pflegt und schützt. Er vermittelt ihm mit seinem Verhalten, dass auch ein Junge eine Schamgrenze hat und diese halten darf. Jungen werden bislang von ihren Vätern weniger aufgeklärt als Mädchen von ihren Müttern – das »darf« sich ändern!
- Wenn Väter viel unterwegs sind, eignen sich abendliche Rituale, um Körperkontakt zu geben oder Sexualität anzusprechen, was tagsüber vielleicht zu kurz kommt.

Bei der Beziehung vom Vater zur Tochter oder von der Mutter zum Sohn ist der Weg ein Stück weiter. Über das gegengeschlechtliche Elternteil erlebt sich ein Kind erstmals attraktiv.

Achtung und Stolz des Vaters heben das Selbstwertgefühl seiner Tochter. Über Sprache und Körpersprache vermittelt er ihr den Eindruck: »Du bist für mich wertvoll.« Auch Mütter können ihren Söhnen zeigen: »Du bist für mich wertvoll« und damit ihren Stolz und ihr Selbstwertgefühl erhöhen. Diese Wertschätzung vom anderen Geschlecht ist etwas ganz Besonderes! Hier liegt der Grundstein zu einer entkrampften Heterosexualität. Als Jugendliche werden sich die Kinder um das andere Geschlecht bemühen, werden um ihn oder sie werben und dabei auf ihre männliche beziehungsweise weibliche Ausstrahlung vertrauen.

Diskussionen über elterlichen Missbrauch haben Mütter wie Väter verunsichert. Wie viel Körperkontakt zum gegengeschlechtlichen Kind ist erlaubt? Dazu ein paar Hinweise.

Körperkontakt wird übergriffig und artet beim Vater in (seelischen wie körperlichen) Missbrauch aus, wenn die Tochter der Mutter vorgezogen wird und er sich mit Gewalt einen Zugang verschafft. Missbrauch durch Mütter äußert sich meist auf seelischer Ebene: Dann überschüttet eine Mutter ihren Sohn mit Zärtlichkeit und Liebe, sie will eine Abhängigkeit erhalten, die dem Sohn irgendwann nicht mehr gerecht wird.

Väter können ihren Töchtern – und Mütter den Söhnen – sowohl respektvolle Nähe wie auch liebevolle Distanz zeigen. Dabei gilt es, Fingerspitzengefühl zu entwickeln. In dem Maße, wie Eltern ein gutes Gefühl für körperliche Berührungen entwickeln – wo sie erwünscht ist und wo sie übergriffig wird –, lernt das Kind auch seine eigenen Körpergrenzen kennen und ihnen trauen.

Der Körperkontakt der Eltern zu ihren Kindern ändert sich im Laufe der Entwicklung: Jungen verabschieden sich allmählich in die Männerwelt – die Mutter muss den Sohn also emotional früher loslassen als der Vater. Die Mädchen wachsen in die Frauenwelt hinein: Da können Mütter noch mit Tipps zu Schminke, Kleidung oder Körperhygiene beistehen – die Väter müssen sich früher von ihren Töchtern verabschieden und sie mit gebotenem Abstand als werdende Frau respektieren.

Wenn Tante Knutsch kommt

Körpergrenzen und Grenzen der Vertrautheit entwickeln Kinder auch gegenüber anderen Erwachsenen. In der Regel haben unsere Kinder selbst sehr feine Antennen dafür, was und wen sie wie weit an sich ranlassen. Dabei sind wir als Eltern gefragt.

> Tante Margot ist da! Sie hebt ihren Lieblingsneffen Benjamin hoch und drückt ihm einen kräftigen Schmatz auf jede Wange. Der windet sich ...

Eltern können bei Ankunft oder Abschied sehr genau hingucken. Kinder zeigen durch Körpersprache, was sie anderen zu geben bereit sind. Stürzen sie von selbst auf die Tante zu, wenn sie kommt? Umarmen die Kinder Papas Tenniskumpel aus eigenem Antrieb? Oder stehen sie zögerlich da und lassen sie sich von einer »Tante Knutsch« oder einem »Onkel Grapsch« eher angewidert drücken?

> **Eltern-Teamwork**
>
> ## Körperkontakt und Körpergrenzen
>
> - Wie habe *ich* Körperkontakt erlebt?
> - Durfte ich Nein sagen, wenn mir eine Umarmung zu eng war?
> - Habe ich angenehme oder unangenehme Erinnerungen daran, als ich Kind war und andere Erwachsene auf mich zukamen?
> - Wie haben sich meine Eltern verhalten?
> - Wie wurde bei *dir* zu Hause Körpergefühl gelebt?
> - Gab es dort engen Kontakt zu Verwandten oder Freunden?
> - Welche Erwachsenen waren dir wichtig, als du Kind warst?

Wenn wir Kindern die eigenen Erwartungen überstülpen (»Nun gib schon der Tante einen Kuss!«), vermitteln wir ihnen, dass sie ihr eigenes Nähebedürfnis, ihre Schamgrenzen nicht mehr spüren dürfen, sondern »überhören« sollen. Damit wird ein Kind für Missbrauch anfällig. Nein sagen ist wichtig für die körperliche und seelische Unversehrtheit.[30] Erwachsene werden durch aktives Ansprechen zum Vorbild für ihr Kind.

- Ist Ihnen unangenehm, wie andere – zum Beispiel Tante oder Onkel – auf Ihre Kinder zugehen, sollte jeder Partner seine eigene Verwandtschaft (oder seine Freunde) ansprechen. Kritik innerhalb der eigenen Familie wirkt eher, als wenn sie der Schwiegersohn oder die Schwiegertochter äußert.

- Überlegen Sie mit Ihren Kindern Situationen, in denen sie lieber laut »NEIN!« gesagt hätten, sich aber nicht getraut haben. Sammeln Sie Ideen, wie die Kinder das nächste Mal reagieren könnten.
- Sie können im Vorfeld mit den Kindern sprechen: »Gell, du magst nicht mehr so gedrückt werden. Musst du auch nicht ...« Oder, wenn die »lieben Verwandten« wieder weg sind und die Erinnerungen noch frisch sind: »Du, ich habe gesehen ... du hast dich etwas geziert ... wie war das für dich?«
- Treffen Sie für kommende Besuche eine Verabredung, beispielsweise: »Wir Eltern bleiben als Erwachsene dabei.« Das können Sie auch Ihrem Kind ankündigen, um ihm das Gefühl zu geben, dass seine Schamgrenze gewahrt wird.
- Oder Sie reden mit der Tante oder dem übergriffigen Freund: »Du, die Verona mag das nicht mehr so.« Dabei hilft eine beschreibende Argumentation: »Ich sehe, die Verona sträubt sich – die wird langsam groß ...« Schließlich wollen doch die Verwandten oder Freunde wieder kommen – in dem Wissen, dass sie sich wohl fühlen oder gerne erwartet werden.

Wenn Fördern fordert

Der weite Markt von musischer Früherziehung bis Karate Kids

»Mama, du hast gestern Karate vergessen«, schreit Moritz (5) entrüstet. Mama Marlies stöhnt auf. Gestern musste sie mit Maria (3) zum Kinderarzt und hatte gehofft, dass Moritz nicht merkt, dass sie das Karatetraining an diesem Mittwoch ausfallen lässt. Auf einen anderen Nachmittag hätte sie den Arzttermin nicht legen können. Denn montags sind die Kinder im Schwimmklub. Am Dienstag fährt sie Maria ins Ballett und ihr Mann begleitet Moritz in die Geigenstunde. Moritz' Vater spielt Bratsche im Orchester und wünscht sich, dass sein Sohn möglichst früh ein erstes Streichinstrument lernt. Die restliche Woche ist auch belegt. Donnerstagnachmittags bietet der Kindergarten »English for Kids« an und am Freitag muss Moritz zur Logopädie und Maria besucht die musische Früherziehung.

Viele Familien haben jeden Nachmittag volles Programm. Die Eltern-Kind-Gruppe war in der Kleinkindzeit noch eine willkommene Abwechslung. Förderprogramme bei Vorschulkindern können jedoch richtig anstrengend werden – für die Kinder, aber mindestens genauso für die Eltern, meist die Mütter.

Mit zwei, erst recht mit drei und mehr Kindern sind viele Eltern täglich eingespannt, ihren Nachwuchs von einem Verein zur nächsten Übungsstunde zu bringen. Wer am Stadtrand oder auf dem Land wohnt, sitzt viele Nachmittage im Auto: bringt die Kinder weg, holt sie wieder ab – oder bleibt gleich für die Stunde am Übungsort, weil das Hin- und Herfahren sich nicht lohnt.

Der Wochenkalender füllt sich meist unmerklich. Der erste Verein wird vielleicht von einem Freund des Kindes ins Spiel gebracht. Oder eine andere Mutter fragt, ob ein Kind nicht das andere zu einem Verein begleiten mag. Na klar – warum nicht. Sport ist wichtig, fördert Fein- und Grobmotorik und entspricht dem kindlichen Bewegungsdrang. Entdeckt der Trainer eine besondere Begabung beim Kind, fordert er die Eltern auf, ihr Kind zu einem intensiveren Training zweimal die Woche zu schicken. Heißt es dann: Talent erkannt – Freizeit gebannt?

Erkennen Eltern selbst ein besonderes Talent bei ihrem Kind, wollen sie dies verständlicherweise fördern – so wie Moritz' Vater das Geigenspiel. Wäre doch schade, wenn ein herausragendes Talent nicht erkannt oder brachliegen bliebe! Jetzt ist das Kind noch aufnahmefähig und hat deutlich mehr Zeit und Energie zum Üben als später in der Schule. Also ist dieser Nachmittag besonders wichtig.

Die PISA-Studie hat Kindergärten Dampf gemacht. In Zeiten der Globalisierung haben schon unsere Vorschulkinder dem internationalen Vergleich standzuhalten. »Bereitet die Kinder stärker auf die Schule vor!«, heißt die Forderung an die Kindergärten. Und so gibt es heute vermehrt Vorschultraining und Fremdsprachenangebot. Kinder lernen erwiesenermaßen in diesem Alter besonders leicht fremde Sprachen. Darf man sich da überhaupt ausklinken? Die anderen Kinder gehen ja auch alle ...

Oft steigern sich Geschwisterkinder auch gegenseitig hoch. Geht der eine ins Karate, will die andere ins Ballett. Verständ-

lich! Jedes Kind möchte seine eigenen Interessen entwickeln. Lernt das ältere Kind Englisch, will dies das jüngere auch. Auch verständlich. Das jüngere eifert dem älteren nach. Aber dann ist gleich ein weiterer freier Nachmittag futsch.

Auch zwischen den Eltern kann ein Wettlauf entstehen. Wer weiß das Kind besser zu fördern? Wer hat dem Kind mehr zu bieten? Eltern lieben dann um die Wette und überschütten ihr Kind mit Angeboten. Reichen da überhaupt die Nachmittage aus?

So gut jede einzelne Fördermaßnahme sein mag, Eltern wie Kinder zahlen dafür auch einen hohen Preis (mal ganz abgesehen von den Benzinkosten). Wie viel Zeit verbringen Kinder angeschnallt auf der Rücksitzbank? Wie viel Stress entsteht durch hektisches Anziehen, damit man pünktlich ankommt?

Wie oft müssen Kinder ihr Spiel unterbrechen und Eltern sich freinehmen oder ihre Arbeit liegen lassen?

Manch einer wünscht sich Zeiten zurück, als Kinder in der Vorschulzeit raus auf die Wiese laufen durften, in den Wald oder auf die Straße konnten. Und immer waren dort viele Nachbarskinder, mit denen sie Fußball spielen, ein Baumhaus bauen oder Rad fahren konnten. Doch das geht heute vielerorts nicht mehr. Straßen sind gefährlich, Wiesen und Wälder weit weg und gelten inzwischen auch als gefährlich – wer lässt heute noch Vorschulkinder unbeaufsichtigt spielen? Kinder spielten früher unter sich, förderten sich gegenseitig, unbeobachtet, ohne kritische Beobachtung durch Erwachsene. Doch auch Kinder sind rar geworden. Wer nicht in einer Neubausiedlung wohnt, hat mehr Senioren als Kinder in der Nachbarschaft, die sich womöglich beschweren und Ruhezeiten vorgeben.

Allerdings war es Kindern früher oft langweilig, was Eltern wenig störte. Wer quengelte, bekam eine Aufgabe angeboten oder aufgebrummt – je nach Erziehungsstil. Eltern fühlten sich nicht dafür verantwortlich, das Kind rund um die Uhr zu beschäftigen. Medien wie Gameboy, Playstation oder Fernsehprogramme zu jeder Tageszeit gab es nicht. Eltern mussten sich nichts einfallen lassen, wie sie das Langeweileloch sinnvoll stopfen.

Langeweile wird inzwischen wieder als pädagogisch wertvoll entdeckt. Ein Kind braucht Zeiten der Langeweile, damit es Eigeninitiative und Kreativität entwickelt. Was ein Kind selbst entdeckt und erforscht, verfolgt es mit Leidenschaft. Aber es gehört schon eine Menge Selbstvertrauen dazu, einem Kind das nörgelnde »Mir ist langweilig« zuzumuten und darin auch noch eine wichtige Förderung seiner Persönlichkeitsentwicklung zu sehen.

Denn auch ein Überangebot an Förderprogrammen schafft unzufriedene Kinder. Wird Kindern das pädagogisch wertvolle Angebot zu viel, reagieren sie entweder abwehrend oder lethargisch. Statt enttäuscht zu reagieren, können Eltern sich bewusst machen: Je kleiner die Familie, desto eher laufen sie Gefahr, ihre Kinder mit Förderangeboten zu überfrachten. Sie zeigen einem Kind auch Liebe, wenn sie ihm Zeit zur freien Entfaltung schenken.

> **Eltern-Teamwork**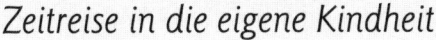
>
> *Zeitreise in die eigene Kindheit*
>
> - Wie haben Sie die Nachmittage verbracht, als Sie so alt wie Ihr Kind / Ihre Kinder waren? Mit wem? Wann waren Ihre Eltern dabei?
> - Was hat Ihnen damals gut getan: die gezielte Förderung einzelner Talente in Vereinen und Kursen oder freie Zeit und Aktionen, zu denen Sie sich selbst motiviert haben?
> - Wodurch haben Sie mehr fürs Leben gelernt? Was würden Sie gerne Ihren Kindern weitergeben?

Neben Talentförderung wird heutzutage auch genau auf mögliche Fehlentwicklungen und Defizite geschaut. Im Kindergarten fällt einer Erzieherin beispielsweise auf, dass ein Kind leicht aufbraust, stört und zappelig ist. Ist es etwa hyperaktiv? Sie bittet die Eltern, dass sie ihr Kind auf ADS (Aufmerksamkeitsdefizitstörung) untersuchen lassen sollen. Oder ein Kind wirkt auf die Erzieherin unausgelastet und sie fragt, ob man es vielleicht auf Hochbegabung testen könne. Hat ein Kind sprachliche Schwierigkeiten, soll es zur Logopädie. Fällt der Erzieherin auf, dass das Kind ungeschickt malt, wird den Eltern eine Ergotherapie nahe gelegt, die feinmotorische Defizite beheben kann.

Besonders beim ersten Kind löst der Hinweis einer Erzieherin Unsicherheit aus: Stimmt das wirklich, dass das eigene

Kind sich nicht altersgemäß entwickelt? Je kleiner die Familie, desto weniger Vergleichsmöglichkeiten haben die Eltern. Beim vierten Kind würden sie gelassener reagieren, weil sie bereits sehen, dass ihre Kinder unterschiedliche Talente haben und jedes auf seine Weise seinen Platz in der Welt findet.

So wichtig jeder einzelne Hinweis von außen ist, er bringt Unruhe, vielleicht sogar Stress ins Familienleben. Denn die Eltern sind gefordert zu entscheiden: Was hat im Augenblick Vorrang? Spezielle Förderung oder freie Zeit? Welche Unterstützung braucht unser Kind jetzt unverzüglich? Ist es zu spät, wenn wir sie schleifen lassen? Welche Fördermöglichkeit lassen wir aus, weil wir darauf vertrauen, dass unser Kind sich selbstständig entwickeln wird?

Fragen Eltern Fachleute, stoßen sie auf zwei grundsätzlich verschiedene Förderkonzepte: Da gibt es zum einen das Konzept der *Spezialisierung*: Es rät zur gezielten Förderung herausragender Talente. Das, was ein Kind besonders gut kann, soll es verstärken. Angefangen vom technisch begabten Dreijährigen, der einen Baukasten bekommen soll, bis hin zum hochbegabten Fünfjährigen, der mit einem IQ von 130 früher eingeschult werden oder auf eine Eliteschule gehen soll. Spätestens seit PISA ist dieses Konzept en vogue, Bundesländer wie Bayern laufen auf dieser Schiene.

Anders arbeiten *ganzheitliche Konzepte*. Sie betonen, dass ein Kind neben seinen Vorlieben auch die Fähigkeiten entwickeln soll, die ihm eher fehlen. Ein technisch begabtes Kind suche sich sowieso den Baukasten, daher bräuchte es beispielsweise eher eine musische Anregung. Und ein hochbegabtes Kind rege sich geistig genügend selbst an, es bräuchte eher emotionale, motorische oder soziale Anregung. Dieses Konzept dominierte die Pädagogik der 70er- und 80er-Jahre. Gesamtschulen, aber auch Montessorischulen vertreten beispielsweise diesen integrativen Ansatz.

> **Eltern-Teamwork**
>
> *Ein Blick in Ihre Kindheit*
>
> - Was wurde bei Ihnen gefördert? Die Entfaltung spezieller Fähigkeiten (eine Sportart, ein Musikinstrument, nur technisches Spielzeug), möglichst vieler Fähigkeiten (verschiedene Vereine, viele verschiedene Aktivitäten mit den Eltern) oder keine besonders (Sie haben sich selbst Ihr Freizeitprogramm zusammengestellt)?
> - Sind Sie heute eher Spezialist oder Generalist?

Bei der Wahl spezieller Förderung, noch mehr bei der Entscheidung, wie Entwicklungsschwierigkeiten eines Kindes aufgefangen werden können, ist enge Elternkooperation gefragt. Wenn Eltern in diesen Punkten auseinander streben, gerät das Kind zwischen alle Stühle. Geht das Kind beispielsweise nach Mutters Wunsch zur Ergotherapie, während der Vater davon nichts hält, fällt es dem Kind schwer, sich auf die Übungen einzulassen. Die Fördermaßnahme verpufft, beim Kind bleiben die Spannungen. Geht das Kind jedoch nicht zur Therapie, wie es die Mutter wünscht, der Vater aber dagegen ist, rächt sich das später. Angenommen, in der Schule stellt sich heraus, dass das Kind doch eine Frühförderung gebraucht hätte, wird die Frau ihrem Mann später Vorwürfe machen. Und wieder landen die Spannungen beim Kind.

Hier einige Vorschläge für die Elternkooperation:

- Besprechen Sie gemeinsam, ob Ihr Kind in einen Verein gehen soll. Welcher ist das? Sind weitere Termine, andere Förderungen zumutbar?
- Nutzen Sie Meinungsverschiedenheiten als Chance. Wenn Sie einander erzählen, was Sie zu Ihrer Position bewegt, erweitern Sie mit Ihren Pro- und Kontra-Argumenten Ihren Entscheidungsspielraum. Sie beide haben vermutlich in Ihrem Leben unterschiedliche Erfahrungen gemacht und ziehen aufgrund dessen heute Ihre Schlüsse.
- Schauen Sie sich mindestens einmal gemeinsam den Verein oder den Kurs an, den Ihr Kind besuchen soll. Dann haben Sie beide einen Eindruck von der Einrichtung und Ihr Kind kann auch Ihnen beiden von seinen Erlebnissen erzählen.
- Erhalten Sie einen Hinweis, dass Ihr Kind sich möglicherweise nicht altersgemäß entwickelt – egal, ob zu schnell oder zu langsam, suchen Sie gemeinsam das Gespräch mit der Erzieherin und lassen Sie sich genau beschreiben, was ihr auffällt. Lassen Sie sich nicht unter Druck setzen: Kümmern Sie sich darum, aber sofort und gleich muss nichts entschieden werden.
- Sprechen Sie erst mit Ihrem Kind, wenn Sie alle folgenden Entscheidungsschritte durchgegangen sind:
    - Erzählen Sie einander: Wie erleben Sie Ihr Kind? Beschreiben Sie einander möglichst neutral sein Verhalten. Etwa: »Max rennt und stolpert über die Bordsteinkante.« Achten Sie darauf, dass Sie nicht in negative oder auch übermäßig positive Bewertungen hineinrutschen.
    - Nach diesem Austausch nehmen Sie sich beide vor, in den nächsten Wochen Ihr Kind zu beobachten: Was gelingt ihm besonders gut, womit hat es Schwierigkeiten? Notieren Sie Ihre Beobachtungen und tauschen Sie sich erneut aus.
    - Wenn Sie mit befreundeten Eltern darüber sprechen wollen, überlegen Sie, mit wem. Würdigen Sie auch die Stär-

ken Ihres Kindes und lassen Sie sich nicht auf eine Spirale der Defizitbeobachtung ein.
- Achten Sie die Privatsphäre Ihres Kindes. Für Kinder ist es schrecklich, wenn sie mitbekommen, dass die Eltern im Bekanntenkreis über sie diskutieren: »Ach, ich mach mir solche Sorgen, vielleicht ist unser Moritz hyperaktiv!« Das erzeugt Hochspannung im Kind und produziert selbst bei einem gesunden Kind hyperaktive Symptome.
- Informieren Sie sich bei Ihrem Hausarzt oder einer Erziehungsberatungsstelle über Diagnosemöglichkeiten und Therapieverfahren. Machen Sie erst dann einen Test, wenn eine Fördermöglichkeit besteht.

Wenn Ihr Kind spürt, dass Sie gemeinsam hinter ihm stehen, wird es die geplanten Fördermaßnahmen in vollem Umfang nutzen können.

Wie es weitergehen kann

Nach den Kindergartenjahren wird Sie als Familie die Schule beschäftigen – und zwar über lange Zeit. Mindestens neun Jahre, bei mehreren Kindern können es zwei Jahrzehnte werden. Was Sie jetzt an Schritten gemeinsam gehen, wird Sie und Ihre Kinder in späteren Jahren weiterbringen. Verglichen mit der Schulzeit haben Sie viele Freiräume, die Sie mit Ihrem Kind gemeinsam gestalten können: miteinander singen, wandern, Puzzles legen. Sie sammeln Erlebnisse, die in Ihren gemeinsamen Familienschatz eingehen. Sie bringen Ihrem Kind noch vieles bei – ob Rad fahren, Wortschatz oder Tischmanieren.

Da sind Sie mit Ihren unterschiedlichen Elternqualitäten gefragt. Wenn Ihr Kind erfährt, dass es mit Ihnen als Eltern durch dick und dünn gehen kann, wird es sich später auch allein zurechtfinden, selbst in schwierigem Gelände.

Noch ist Ihr Kind auf Sie angewiesen und geht gern an Ihrer Hand. In Zukunft nimmt Ihr Einfluss als Eltern kontinuierlich ab. Ihre Kinder werden sich auf die Schule konzentrieren. Eltern werden als Beistand gebraucht, aber die Themen gibt die Schule vor. Kinder müssen dort Leistung bringen, lernen Schulfreunde kennen, holen sich immer mehr Anregungen von außen, zunehmend von Gleichaltrigen.

In dem Maße, wie Ihr Kind nicht mehr an Ihrer Hand zieht, müssen Sie selbst dafür sorgen, dass Sie in Bewegung bleiben und Schritt halten mit Ihrem Kind. Ihr Sohn oder Ihre

Tochter wird weite Strecken selbstständig gehen und braucht Ihren Halt nur noch im Notfall. Auch wenn Vater und Mutter diesen Halt unterschiedlich geben: Wenn Sie sich als Eltern-Team verständigen, wissen sich Ihre Kinder gut aufgehoben und sind gerüstet für die Abenteuer der nächsten Jahre.

Danksagung

Wir danken ...

... allen Paaren, die uns in den vergangenen 20 Jahren begegnet sind. Die Gespräche im privaten Kreis, in Seminaren und in der Beratung haben uns die Krisenklassiker vor Augen geführt, die Eltern in den Kindergartenjahren beschäftigen.

... den Freund(inn)en und Kolleg(inn)en, die monatelang neugierig auf unser Manuskript waren. Als sie schließlich in der stressigen Vorweihnachtszeit 2005 den dicken Ordner in Händen hielten, haben sie die vielen Seiten dennoch gründlich gegengelesen. Ihre Anregungen haben den Text noch griffiger und verständlicher gemacht; ihre Kritik hat unserer Freundschaft nicht geschadet. Dank an Sabine Rupp und Klaus Bahringer, Anna Maria Probst-Ebner und Ulrich Ebner, Christiane Friedrich-Holzer und Hermann Holzer sowie Anne Amann und Michael Jaumann.

... dem Kösel-Verlag, den wir mit unserem ersten Ratgeber *Eltern werden – Partner bleiben* davon überzeugen konnten, die Idee des Eltern-Teamworks in diesem Band weiterzuentwickeln. Besonderer Dank gilt unserem Lektor Gerhard Plachta, der unsere Idee von Anfang an unterstützte und uns in alle wichtigen Arbeitsschritte mit einbezog.

... dem Illustrator Johann Mayr, dessen Cartoons bereits im ersten Buch *Eltern werden – Partner bleiben* viele Leser schmunzeln ließen. Er hat Eltern in der Kindergartenphase genau beobachtet und sicher manch eigenes Erlebnis in den Bildern festgehalten.

... unseren Ehepartnern Michael Huber und Inga Themessl. Sie haben uns über Monate im Arbeitszimmer mit Saft und Kaffee versorgt und geduldig ertragen, dass wir in Gedanken oft beim Buch und nicht bei der Familie waren. Mit unseren Partnern erleben wir seit zwei Jahrzehnten, wie abwechslungsreich und spannend das Leben als Familie ist. Ohne sie hätten wir nie erfahren, wie erfüllend eigene Kinder sind.

Anhang

Anmerkungen

1. Zur Visualisierung der Bindung wird sowohl mit dem Familienbrett, mit Familienskulpturen oder auch mit Familienaufstellungen gearbeitet.
2. Vgl. Eva Tillmetz: *Familienaufstellungen. Sich selbst verstehen – die eigenen Wurzeln entdecken*, Stuttgart, 4. Aufl. 2005
3. Karin u. Klaus E. Grossmann: *Bindungen. Das Gefüge psychischer Sicherheit*, Stuttgart, 2. Aufl. 2005
4. Ausführlicher in: Eva Tillmetz u. Peter Themessl: *Eltern werden – Partner bleiben. Ein Überlebenshandbuch für Paare mit Nachwuchs*, München 2004 (Kapitel »Selbst ist das Kind!«)
5. Dante Alighieri, zitiert nach Ernst G. Tange: *Zitatenschatz für Mütter*, Frankfurt/M. 1999
6. Statistisches Bundesamt (Hrsg.): *Statistisches Jahrbuch 2003. Für die Bundesrepublik Deutschland*
7. Zitiert in: Karin u. Klaus E. Grossmann: *Bindungen*, a.a.O.
8. Ergebnis der Sears-Studie – zitiert in: Karin u. Klaus E. Grossmann, *Bindungen*, a.a.O.
9. Ein genauer Gesprächsfaden für diese Berufsdiskussion steht in unserem Buch *Eltern werden – Partner bleiben* im Kapitel »Wer weniger verdient, hat das Kind verdient«.
10. Dieter Schnack u. Rainer Neutzling: *Kleine Helden in Not. Jungen auf der Suche nach Männlichkeit*, Hamburg, 6., vollst. überarb. Neuausg. 2003
11. Horst Petri: *Das Drama der Vaterentbehrung. Chaos der Gefühle – Kräfte der Heilung*, Freiburg, 2. Aufl. 2003
12. »Väter – besser als ihr Ruf: Das neue Bild vom Vater«, in: *GEO*, H. 1/2001
13. Karin u. Klaus E. Grossmann: *Bindungen*, a.a.O.

14 Horst Petri: »Die Bedeutung des Vaters«, www.familienhandbuch.de
15 Wassilios E. Fthenakis u. Beate Minsel: *Die Rolle des Vaters in der Familie,* Stuttgart 2002
16 In unserem Buch *Eltern werden – Partner bleiben* sind die unterschiedlichen Kooperationsstile ausführlich im Kapitel »Gegeneinander – Nebeneinander – Miteinander« dargestellt.
17 Ausführlich in *Eltern werden – Partner bleiben* im Kapitel »Ich sehe was, was du bald siehst« – Neugier auf Adler, Bär, Luchs und Maus; das diesem Buch beiliegende »ElternErfahrungsEntdeckSpiel« unterstützt Sie zudem dabei, Ihre unterschiedlichen Elternqualitäten, Vorlieben und Fähigkeiten genauer zu erforschen.
18 LBS-Familienstudie: www.lbs.de/west/die-lbs/junge-familie/familienstudie
19 Ausführlich in *Eltern werden – Partner bleiben* im Kapitel »Gegeneinander – Nebeneinander – Miteinander«
20 Ebd.
21 Zum Beispiel Astrid Lindgren: *Nein, ich will noch nicht ins Bett!* Hamburg 1989, oder Michael Ende: *Das Traumfresserchen,* Hamburg 2005
22 Wer auch das Internet nutzt, sitzt 110 Minuten vor dem Fernseher (AC-Nielsen Werbeforschung, 1999)
23 Beispielsweise mit den Gesprächstrainings für Paare: EPL (Ein partnerschaftliches Lernprogramm) oder KEK (Konstruktive Ehe und Kommunikation): www.epl-kek.de
24 Vgl. Joachim Engl u. Franz Thurmaier: *Wie redest du mit mir? Fehler und Möglichkeiten der Paarkommunikation,* Freiburg, 10. Aufl. 2005
25 »Stressmuster kennen lernen über Familienskulpturen«; ausführlicher in: Eva Tillmetz: *Familienaufstellungen,* a.a.O.
26 Vgl. Johanna Graf: *Familienteam – das Miteinander stärken. Das Geheimnis glücklichen Zusammenlebens,* Freiburg 2005
27 Einen fundierten und zugleich einfühlsam geschriebenen Elternratgeber zur kindlichen Sexualentwicklung im Kindergartenalter gibt die Bundeszentrale für gesundheitliche Aufklärung heraus: *Körper, Liebe, Doktorspiele. Ein Ratgeber für Eltern zur kindlichen Sexualerziehung vom 4. bis 6. Lebensjahr,* Köln 2001 (kostenlos zu beziehen über www.bzga.de)
28 Zum Beispiel Grethe Fagerström: *Peter, Ida und Minimum. Familie Lindström bekommt ein Baby,* Ravensburg, 37. Aufl. 2005; Frank Herrath u. Uwe Sielert: *Lisa und Jan. Ein Aufklärungsbuch für Kinder und ihre Eltern,* Weinheim, 3. Aufl. 1996; Christel Bossbach, Elisabeth Raffauf u. Gisela Dürr: *Mama, wie bin ich in deinen Bauch gekommen?,* Augsburg 2005
29 Karin u. Klaus E. Großmann: *Bindungen,* a.a.O.

30 Kindgerechte Anregungen dazu in Gisela Braun u. Dorothee Wolters: *Das große und das kleine NEIN*, Mühlheim a.d. Ruhr 1997

Weiterführende Literatur

Bundesministerium für Familie, Senioren, Frauen und Jugend (Hrsg.): *Die Familie im Spiegel der amtlichen Statistik*, Berlin, erw. Neuaufl. 2003

Bundeszentrale für gesundheitliche Aufklärung (BzgA): *Körper, Liebe, Doktorspiele. Ein Ratgeber für Eltern zur kindlichen Sexualentwicklung vom 4. bis zum 6. Lebensjahr*, Köln 2001

Engl, Joachim, Thurmaier, Franz: *Wie redest du mit mir? Fehler und Möglichkeiten der Paarkommunikation*, Freiburg, 10. Aufl. 2002

Fthenakis, Wassilios E., Minsel, Beate: *Die Rolle des Vaters in der Familie*, Stuttgart 2002

Fthenakis, Wassilios, Textor, Martin R. (Hrsg.): *Knaurs Handbuch Familie. Alles, was Eltern wissen müssen*, München 2004

Graf, Johanna: *Familienteam – das Miteinander stärken. Das Geheimnis glücklichen Zusammenlebens*, Freiburg 2005

Grossmann, Karin, Grossmann, Klaus E.: *Bindungen. Das Gefüge psychischer Sicherheit*, Stuttgart, 2. Aufl. 2005

Lämmle, Brigitte, Wünsch Gabriele: *Familienbande. So gewinnen Sie Raum für lebendige Partnerschaft, glückliche Familie, gesunde Beziehung*, München 1999

Petri, Horst: *Das Drama der Vaterentbehrung. Chaos der Gefühle – Kräfte der Heilung*, Freiburg 2006

Satir, Virginia: *Selbstwert und Kommunikation. Familientherapie für Berater und zur Selbsthilfe*, Stuttgart, 17. Aufl. 2005

Schulz von Thun, Friedemann: *Miteinander reden. Störungen und Klärungen. Allgemeine Psychologie der Kommunikation*, Reinbek 1981

Tillmetz, Eva: *Familienaufstellungen. Sich selbst verstehen – die eigenen Wurzeln entdecken*, Stuttgart, 4. Aufl. 2005

Tillmetz, Eva, Themessl, Peter: *Eltern werden – Partner bleiben. Ein Überlebenshandbuch für Paare mit Nachwuchs*, München 2004

Nützliche Internetadressen

www.dji.de Die Website des Deutschen Jugendinstituts mit vielen Links zu Themen und Forschungsergebnissen, die Eltern und Familien betreffen

www.epl-kek.de Ein Partnerschaftliches Lernprogramm / Konstruktive Ehe und Kommunikation – Gesprächstrainings für Paare

www.familienhandbuch.de Ein auf dem Internet basierendes Handbuch zu Themen der Kindererziehung, Partnerschaft und Familienbildung für Eltern, Erzieher, Lehrer und Wissenschaftler

www.familienteam.org Familienteam® – Das Miteinander stärken; ein Elterntraining, das systemische und bindungstheoretische Erkenntnisse anwendet

www.netz-fuer-paare.de Netzwerk für Paarberatung im Raum Regensburg